地方治理创新研究丛书

治理现代化背景下政府信用与政府绩效关联机理研究

张 鸣◎著

中国社会科学出版社

图书在版编目(CIP)数据

治理现代化背景下政府信用与政府绩效关联机理研究 / 张鸣著.
—北京:中国社会科学出版社,2015.12
ISBN 978-7-5161-7506-4

Ⅰ.①治… Ⅱ.①张… Ⅲ.①国家行政机关—信用—关系—
行政管理—研究 Ⅳ.①D035

中国版本图书馆 CIP 数据核字(2016)第 017999 号

出 版 人	赵剑英	
责任编辑	冯春凤	
责任校对	张爱华	
责任印制	张雪娇	

出 版	中国社会科学出版社	
社 址	北京鼓楼西大街甲 158 号	
邮 编	100720	
网 址	http://www.csspw.cn	
发 行 部	010-84083685	
门 市 部	010-84029450	
经 销	新华书店及其他书店	

印 刷	北京君升印刷有限公司	
装 订	廊坊市广阳区广增装订厂	
版 次	2015 年 12 月第 1 版	
印 次	2015 年 12 月第 1 次印刷	

开 本	710×1000 1/16	
印 张	13.25	
插 页	2	
字 数	200 千字	
定 价	49.00 元	

序　言

当今世界正在经历一场深刻的治理变革（Governance Transformation），治理理念、治理结构、治理工具的创新比任何时候都显得重要和紧迫。中国正处于上千年未有的大变革进程之中，社会变革的剧烈程度和深刻程度远远超过了西方国家当年的社会转型经历，由此带来的公共事务治理的复杂性、艰巨性也是世所罕见的。中国面临的治理挑战，既有现代化进程的社会秩序重构课题，有全球化、信息化时代公共事务治理的共性问题，更有中国在特定的历史境遇中生成的发展方式派生出来的一系列特殊问题。近20年来中国政治学、管理学、社会学等领域形成的最大的理论共识，就是以治理创新作为思考体制改革的新视野，从构建开放化的治理结构与有效整合治理资源的双向互动中探寻中国的治道变革，相关研究领域甚至因此完成了一次重大的话语转向。更为可贵的是，围绕治理创新特别是地方治理创新，理论界与公共管理的实践者达成了前所未有的共识，不仅理论界运用治理理论的相关资源，以建设性的姿态广泛介入了各地各种形式的地方治理创新实践，地方党委政府也基于实现地方的有效治理而对治理机制、治理方式的变革创新表现出了极大的热情。

如何广泛吸纳现代治理因素，创新国家治理体系，提高国家治理能力，是实现中华民族伟大复兴的中国梦的重要依托。十八届三中全会明确将推进国家治理体系和治理能力现代化确立为全面深化体制改革的总目标，标志着执政党关于国家治理的理论建设实现了一次具有历史意义的重大飞跃。改革开放以来，我国最大的成就之一是经济取得了突飞猛进的发展，在极短的时期内一举成为世界第二大经济体。但是，与这种特定的发展方式相伴生的诸如生态保护、社会公正、贫富分化、权力制约、社会管理等一系列问题也对各级政府的治理能力提出了严峻的挑战。这些问题的破解，直接关系到国家的长治久安和民族的复兴大业。关注和思考这些问题，为治理转型提供分析框架和政策参照，进而构建中国语境下的治理理论体系，学者们责无旁贷。

地方政府创新实践及区域治理创新一直是浙江省委党校、浙江行政学院关注的重大现实问题。上世纪90年代中期，我校就立足于行政管理硕士点设立了地方治理研究中心。进入新世纪以后，我校在浙江省重点社科研究基地"科学发展观与浙江发展"研究中心专门设立了"地方政府创新"方向，随后又成立了地方政府危机管理研究中心。2011年，我校成功获批公共管理一级学科，并将地方治理创新作为学科建设的主攻方向。经过多年的发展，我校已集聚形成了一个由30多位中青年学者构成的地方治理研究团队，其中有浙江省有突出贡献中青年专家3人，享受国务院政府津贴专家5人，浙江省"151工程"第一层级人员5人。研究团队近十年主持完成了20多项国家社科基金项目，发表了一大批高质量的学术论文，许多决策参阅成果获得国家领导人和省委省政府主要领导的批示。2013年我校地方政府创新实践研究团队被省政府命名为浙江省重点学术创新团队。

浙江是改革开放的前沿地带，也是一片治理创新的沃土，一个观察中国治理变革与治理现代化的重要窗口。民主恳谈、参与式预算、村务监督委员会制度、公共服务标准化、城市复合治理等创新之举层出不穷，引起了社会各界的广泛关注。近期以来，浙江明确提出了推进省域治理体系和治理能力现代化的战略，着力通过深化体制改革，再创浙江体制机制新优势，建设美丽浙江、创造美好生活。在经济转型、社会转型与政府转型的互动过程中，浙江将迎来

新一轮的地方治理创新热潮。我校地方政府创新实践研究团队将在
全面总结浙江地方治理创新实践经验的基础上，以浙江创新实践的
个案经验为依据，就转型国家市场化进程中的地方创新实践的规律
性问题进行理论反思，致力于探索和构建本土化的治理话语体系，
进而根据浙江经济转型升级、社会结构转型和文化大发展面临的体
制性问题，对新形势下地方政府的角色转型及管理创新进行前瞻性
研究，以期在强化学术创新的同时，为各级党委政府深化地方行政
体制改革，加大经济转型升级、社会治理格局创新和文化强省建设
中的政策创新提供必要的理论支撑和决策咨询服务。为此，我们将
逐步推出一套地方治理创新研究丛书，与学界共同交流探讨中国的
治道变革，为建设有中国特色的现代国家治理体系和地方治理体系
贡献绵薄之力。

　　是为序。

何显明

2014 年 6 月 8 日

前　言

　　当前，中国的经济转型处在一个历史节点，社会转型处在一个临界点，治理转型更处于一个关键点。在这个承前启后的关键历史拐点，党的十八届三中全会指出"全面深化改革的总目标是完善和发展中国特色社会主义制度，推进国家治理体系和治理能力现代化"。其中，中国政府在整个国家治理体系中扮演着决定性的角色，政府治理的现代化程度直接决定着国家治理体系现代化的进程。政府信用和政府绩效反映出政府的施政理念、施政过程及治理结果，在推进政府治理现代化过程中具有不可替代的作用，也是实现政府治理现代化的关键。改革开放以来，中国政府在推进自身治理现代化方面进行了不懈的努力，然而，各级政府尤其是基层政府信用缺失的问题仍然严重，绩效不高的问题依旧突出，政府治理现代化的任务还远未完成。另外，以往学术界对组织信用与绩效关系的研究几乎都是以私营组织为对象展开的，对政府这个特殊且重要的公共组织的信用与绩效关系的定量研究至今依然十分匮乏。

　　面对理论上和实践上亟须解决的问题，本专著以考察并揭示政府信用与政府绩效的关联机理为研究主线。在清晰界定政府信用、政府绩效内涵和结构要素的基础上，研究依托资源基础理论构建了政府信用与政府绩效关联机理的概念模型，并提出了具体的研究假设。按照社会调查的理论与方法，设计了具有较高信度和效度的政府信用、政府绩效测评量表，通过问卷调查采集得到相关测度指标的原始数据。基于这些数据，研究运用典型相关分析（canonical correlation analysis），揭示政府信用与政府绩效之间的相互依存关系；运用结构方程模型（SEM）分析，揭示两者间的关联机理（包括关联方向、关联路径及关联强度等）；运用系统动力学（SD）方法，模拟分析并预测政府信用的变动对于政府绩效的影响趋势。最后，依据研究结果，提出了具有较强针对性和可操作性的政策建议。每章的基本内容如下：

第一章：绪论。本章主要阐述本专著的研究背景与研究意义、研究总体框架和研究方法等内容。本章在全书中起到提纲挈领的作用。

第二章：文献回顾与述评。本章从政府信用、政府绩效及组织信用与绩效的关系三个方面对相关文献进行系统地梳理与归纳，评述以往研究取得的成果与不足，指出有待进一步探索的问题，进而提出本研究的切入点与总体思路。

第三章：分析框架与研究假设。在以往研究的基础上，本章首先构建了个基于组织信用的组织绩效分析框架，并论证这一分析框架对于政府组织同样适用。然后，在第二章对政府信用、政府绩效内涵分析探讨的基础上明确划分政府信用、政府绩效的维度，并依托资源基础理论及其他相关理论提出具体的研究假设，最终构建出可供实证检验的概念模型。

第四章：问卷设计与实际测度。本章首先严格按照社会调查量表编制的理论、方法与程序开发设计研究所使用的问卷，并进行了信度和效度检验，根据检验结果对问卷进行修改和完善。在确定所使用的问卷后，对 200 余个县级政府进行实证调查，并采用 SPSS 18.0 软件对实际测度结果进行描述性统计分析。

第五章：基于统计分析的政府信用与政府绩效关联机理研究。本章是全书的核心部分之一，综合运用了多种统计方法对问卷数据进行分析，包括运用典型相关分析考察政府信用与政府绩效两组变量之间的相互依存关系，采用结构方程模型和路径分析揭示不同维度的政府信用对不同维度的政府绩效的影响机理。

第六章：基于系统动力学的政府信用与政府绩效关联机理研究。本章基于统计年鉴所得数据，以行政管理支出代表政府信用，人均 GDP 增长率、人均 GDP 代表政府绩效，在深入分析财政支出结构对于经济增长影响机理的基础上，建立了行政管理支出作用于经济增长的因果关系图和系统流程图，然后运用 Vensim 软件对其进行仿真模拟，并对比分析了不同行政管理支出增长方案下的仿真结果。

第七章：推进守信高效现代政府建设的政策建议。根据统计分析、仿真模拟结果及全面深化改革对县级政府治理转型的要求，提出统筹推进政府信用、政府绩效建设的相关政策建议，以期推进县级政府治理走向现代化。

第八章：结论与展望。本章对全书的研究结论进行总结归纳，指出研究的创新点与不足之处，在此基础上对今后研究方向加以展望。

本书在写作过程中，参考了国内外大量文献资料，在此，谨向相关文献的作者表示深深的谢意。

张鸣

2015 年 3 月于中共浙江省委党校新校区

目　　录

第一章 绪 论

一 研究背景

当前，中国的经济转型处在一个历史节点，社会转型处在一个临界点，治理转型更处于一个关键点。在这个承前启后的关键历史拐点，党的十八届三中全会通过的《关于全面深化改革若干重大问题的决定》，把全面深化改革的总目标定位为"完善和发展中国特色社会主义制度，推进国家治理体系和治理能力现代化"，把"治理"作为全面深化改革的核心范畴。从国家治理的结构来看，政府、市场、社会在相对自主行为边界内的自主治理及其互动关系是现代国家治理体系的基本特征，因而政府治理、市场治理和社会治理便构成了现代化国家治理体系三足鼎立的次级体系。而在中国这样一个政府从来就能对经济社会发展发挥主导作用的国家，政府治理能否实现现代化便成为影响国家治理现代化成败的最关键因素。换言之，推进国家治理现代化，必然要同步推进政府治理现代化（薄贵利，2014）。

在当代，政府治理结构的实质是协调政治委托人与代理人之间责、权、利关系的一系列制度安排（吴金群、耿依娜，2008）。作为政治代理人一方的政府一方面要代表社会施政，管理社会公共事务；另一方面，政府及其公务人员要履行社会契约规定的条件，保证权力的人民性和纯洁性，促进社会公共利益的实现。在政治代理人"履约"的过程中，其信用程度和绩效水平便显得尤其重要。

政府信用强调政府"履约"的责任感和能力,彰显政府施政理念的崇高性和施政过程的正当性,但是政府除了要保证其职责得到完满履行之外,还要努力实现履职过程中的有效性和履职结果的最优化,这就牵涉到了政府的治理绩效。在实践中,各国改革的初衷往往就是要解决信任危机,改革的首要任务就是提高政府信用水平以及树立形象凝聚民心,从而减少后续改革措施的反对声及政策执行的阻力,进而实现提升政府绩效的目的。就像克林顿总统在发起重塑政府运动时所指出的那样:"我们不仅面临着预算赤字和投资赤字,由于联邦政府的绩效赤字,我们还面临着巨大的信任赤字。除非我们解决了这一问题,否则,其他问题都无从谈起。"(Clinton,1993)在实践中,提高政府信用,改善政府绩效成为世界各国政府改革的主要目标和重要内容。

20世纪70年代石油危机之后,经济滞胀、财政危机、政治丑闻、公共服务效率低下等因素叠加,在西方各国引发普遍不满,促使政府采取一系列改革措施优化政治委托—代理关系。

在提高政府信用方面,西方国家通过建立完善选区办公室、定期与选民见面、政治捐赠信息公开、政务公开、选举罢免、重大事项全民公决等一系列制度,加强选民对民选政治家的激励和约束。在两次选举之间,议会通过设立各种专门委员会、行政监察专员制度、强化审计监督、建立议会研究咨询机构和统计分析机构等加强对政府的监督。政府领导人通过建立政策咨询顾问机构、任命外部专家担任顾问、开放高级公务员遴选渠道、强化行政监督、适度扩大政治任命的范围等制度安排加强对职业文官的政治控制。同时,西方国家十分重视通过法治手段促使公共权力的规范运行。一方面,制定行政程序法,加强行政程序制度建设成为许多国家普遍做法。美国、德国、西班牙、奥地利、葡萄牙、日本等国都制定了专门的行政程序法。行政程序制度也成为公共权力运行的"标配",通常包括信息公开制度、决策听证制度、公告评论制度、合法性审查制度、决策责任追究制度、告知制度、听取陈述和申辩制度、职能分离制度、不单方接触制度、回避制度、书面记录和决定制度、说明理由制度、时效制度、救济制度等程序性制度；另一方面，在司法上，法院拥有对政府行为包括抽象行政行为的违宪和违法审查权，并拥有对政府与公民、法人之间的行政纠纷的最终裁决权。

在改善政府绩效方面，西方各国不遗余力地推行各项旨在提高政府效率的行政改革。最早开始行政改革的英国先后推出了雷纳评审、部长管理信息系统、财务管理新方案、"下一步计划"改革、"公民宪章"运动及竞争求质量运动等改革计划。作为最大的发达国家，美国于1993年通过《政府绩效与结果法案》，并成立"国家绩效评估委员会"，用来指导政府改革，改革的具体措施主要包括改革内部管理制度，废除僵化的管制措施，将公民视为消费者或顾客，倡导"顾客导向"的公共服务，推行绩效管理，采用现代信息技术进行流程再造等。2010年12月，《政府绩效与结果法案修正案》通过，进一步细化了相关要求，包括联邦政府部门应设定可以衡量的绩效目标，加强部门协调以避免重复性计划的出台，将绩效进展在网站上公开和更新。此外，各部门须指派一名首席运营官和一名绩效改进官，负责监督所在部门和整个政府改进行政、管理、采购等职能的情况。其他国家如新西兰在1988年开始以《公共部门法》为蓝本的改革，在政府公共部门广泛采用私营部门成功的管理方法和竞争机制；加拿大在1989年成立"管理发展中心"，并于次年发表题为《加拿大公共服务2000》的政府改革指导性纲领。各国改革尽管在规模、范围、措施等方面存在一些差异，但是在改革的基本取向上却具有相似之处，即鼓励和推动公共部门借鉴私营企业的管理理论、方法和技术，将公共服务领域引入市场竞争机制，以提高公共管理水平和公共服务质量（陈振明，2000）。这些以管理主义思想为基础的改革运动缓解了早期行政模式的某些问题，在公共部门中引起了令人瞩目的变化。正如Kamarck（2000）所言，"在20世纪末期，公共行政经历了一场革命性变革，这种变迁的深刻程度如同19世纪与20世纪之交所发生的变迁，那时韦伯的官僚制原理开始对全世界许多国家的政府产生影响。"

可以说，20世纪末期以来西方各国的政府改革是对近代形成的现代化政府体制的一次"再现代化"或"后现代主义"改造，是在政府现代化基础上的政府治理的现代化（何增科，2014）。

在中国，1949年中华人民共和国的成立标志着能够有效克服近代中国一盘散沙局面的现代国家的诞生，为政府治理现代化奠定了制度框架。此后，特别是改革开放以来，各级政府在推进自身治理的现代化方面进行了不懈的努力，取得了显著的进展。

在提高政府信用方面，十六大之后，党和政府日益强调科学发展与社会和谐，公平正义的价值得到了党和政府的高度重视，以公众为中心、以公平为导向的政府治理理念逐渐取代以往过于重视效率的政府管理理念而成为改革的出发点和落脚点。与此同时，法治政府建设日益受到重视，政府决策行为、执法行为、司法行为的程序性约束逐步加强，依法行政水平明显提高；《政府信息公开条例》颁布施行，政务公开逐步走向制度化，取得明显成绩；重大决策事项公示和听证制度逐步建立，公众参与政府决策的渠道得到拓宽，权力运行的社会监督和约束不断强化；电子政务建设不断提速，各级政务服务平台的功能与效能得到有效提升，有力促进了服务型政府建设。

在改善政府绩效方面，各级政府及其部门以推进政府机关效能建设和推行公共部门绩效管理为突破口，不断创新管理理念和管理机制，在政府绩效评估与管理方面进行了有益的实践探索，创设了形式多样的政府绩效评估与管理制度和方式。比较典型的有烟台市的"社会服务承诺制"、"南通市政府机关目标责任制考核"、"杭州市人民满意机关评选"、"邯郸市市民评议政府和部门的问卷调查活动"及"甘肃省非公有制企业评价政府绩效项目"等。在各地实践的基础上，中央开始酝酿从行政管理体制改革的战略高度在全国范围内推广政府绩效管理。十七大报告首次提出，"提高政府效能，完善政府绩效管理体系"。十八大报告要求"创新行政管理方式，提高政府公信力和执行力，推进政府绩效管理。"十八届三中全会决定再次强调"严格绩效管理，突出责任落实，确保权责一致。"截至目前，全国共有24个省（区、市）和20多个国务院部门不同程度地探索开展了政府绩效管理工作，积累了一定的经验，取得了初步成效。

尽管中国政府在改善政府信用、政府绩效方面取得了一定成就，但受到传统治理模式的影响，各级政府尤其是基层政府信用缺失的问题仍然严重，绩效不高的问题依旧突出，政府治理现代化的任务还远未完成。

近年来，曝出的"华南虎事件"、"躲猫猫事件"、"七十码案"、"邓玉娇案"、"毒奶粉事件"、"假疫苗事件"、"宜黄强拆事件"、各地的反PX项目运动等一大批舆论事件严重损害了公众对政府的信任。从当前社会心态和舆论现象中可以看到，越来越多的公众对政府尤其是一些基层政府部门在日常工作中表现出来的职业素养，及在应对突发事件中的所作所为，都产生了越来越多的不满、怀疑和指责。事实上，相当一部分民众已不再信任制度，不再信任政策，不再相信政府所说的话，哪怕是正确的于民有利的制度、措施和官话。《小康》杂志于2009年所做的"信用小康"调查显示，有49%的被调查者对政府、人际、公司三类的信用危机表示"都非常担心"，而37.8%的被调查者则更担心"政府"的信用危机。从某种意义上说，一方面，中国各级地方政府正遭遇着新中国成立以来最为严重的信用危机（何显明，2007）；另一方面，政府职能转变还不到位，对微观经济运行干预过多；政府机构设置不尽合理，部门职责交叉、权责脱节和效率不高的问题仍比较突出；部分政府机关和一些党政领导干部中大量存在以形式主义、官僚主义、享乐主义、奢靡之风为代表的"四风"问题；政府机关办事拖拉、推诿扯皮、索拿卡要、态度不好、奢侈浪费等绩效低下的表现长期为公众所诟病。

二 研究意义

党的十八届三中全会决定提出了"增强政府公信力和执行力，建设法治政府和服务型政府"的战略目标。法治政府和服务型政府，必定是一个讲信用和高绩效的政府。在这个大背景下，开展政府信用与政府绩效关联机理的研究便具有重要的理论与实践意义。

（一）理论意义

第一，有助于深化对政府信用、政府绩效内涵与结构要素的认识。政府信用、政府绩效均是由多个维度组成的复杂概念。以往研究虽然对此进行了一定的探索，也取得了一些有价值的研究成果，但还存在一些明显的不足。本研究将对相关研究成果进行系统地梳理总结，并进行更深入的理论分析，以提出更准确、更合适的政府信用、政府绩效维度划分。在此基础上，本研究将开发构建具有良好信度、效度且指标数适中的政府信用、政府绩效测度指标体系，研究成果将为科学评估中国地方政府信用与绩效水平提供有效工具。

第二，有助于深化对政府信用与政府绩效关联机理的认识。学术界现有的对信用与绩效关系的研究基本上都聚焦于私营组织，考察政府信用与政府绩效两者关联机理的研究迄今为止依然十分匮乏，仅有的少量实证研究其结果还不稳健，深度也有待加强。针对这种现状，本研究首先将从组织信用的分析视角出发，依托相关理论构建细化的政府信用与政府绩效关联机理的概念模型（包括相关中介变量）。其次，本研究将系统开展政府信用与政府绩效关联机理的实证研究，构建两者关联机理的结构方程模型、路径模型及系统动力学模型，以期正确揭示和把握两者的关联机理（包括关联方向、关联路径和关联强度等）。这对于深化我国地方政府信用和绩效的学术研究，建立地方政府信用和绩效的理论体系，促进这两大研究领域的交叉融合具有重要的理论价值。

（二）实践意义

第一，科学评估地方政府信用与绩效的现状及水平。本研究将对我国 200 个左右县级政府的信用与绩效状况进行测评、统计分析和比较分析，研究成果将为人们准确地把握地方政府信用与绩效建设的已有成绩和存在问题提供依据，有利于正确地引导我国地方政府信用与绩效建设。

第二，有针对性地提出统筹推进政府信用与政府绩效建设的政策建议。通过结构方程模型和系统动力学模型分析揭示各变量之间的作用关系，根据路径系数和模拟值变化幅度判断各变量之间的影响强度，从而识别影响政府信用、政府绩效的关键变量、关键路径，在此基础上有针对性地提出统筹推进政府信用与政府绩效建设的思路策略及具体政策建议。

三　研究框架与方法

（一）总体框架

针对以往研究的不足，参考借鉴国内外相关研究成果，本研究将尝试突破传统的分析路径，在清晰界定政府信用、政府绩效内涵和结构要素的基础上，依托资源基础理论、积极组织学说等理论构建细化的政府信用与政府绩效关联机理的概念模型，并提出具体的研究假设。依据社会调查的理论与方法，设计具有较高信度和效度的政府信用、政府绩效测评量表，通过问卷调查和统计资料查阅采集得到相关测度指标的原始数据。其次，本研究的实证分析部分将聚焦于揭示政府信用与政府绩效的内在关联机理，将运用典型相关分析（canonical correlation analysis）方法，揭示两者间的相互依存关系；运用结构方程模型（structural equation modeling）方法，揭示两者间的关联机理（包括关联方向、关联路径及关联强度等）；运用系统动力学（system dynamics）方法，模拟分析并预测政府信用的变动对于政府绩效的影响趋势。最后，研究将依据分析结果提出相关政策建议。通过上述分析，研究期望深化学术界对政府信用与政府绩效关联机理的认识，并推动地方政府信用和绩效建设。研究的总体框架和技术路线如图1.1所示。

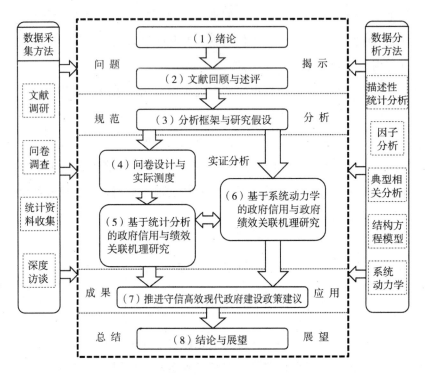

图1.1　研究的总体框架和技术路线

（二）研究内容

在研究总体框架和研究目标的指引下，本书将分为8章具体展开论述。每章的基本内容如下：

第一章：绪论。本章主要阐述本专著的研究背景、研究意义、研究总体框架和研究方法等内容。本章在全书中起到提纲挈领的作用。

第二章：文献回顾与述评。本章从政府信用、政府绩效及组织信用与绩效的关系三个方面对相关文献进行系统地梳理与归纳，评述以往研究取得的成果与不足，指出有待进一步探索的问题，进而提出本研究的切入点与总体思路。

第三章：分析框架与研究假设。在以往研究的基础上，本章首先构建了一个基于组织信用的组织绩效分析框架，并论证了这一分析框架对于政府组织同样适用。其次，在第二章对政府信用、政府绩效内涵分析探讨的基础上明确划分政府信用、政府绩效的维度，并依托资源基础理论及其他相关理论提出具体的研究假设，最后，构建出可供实证检验的概念模型。

第四章：问卷设计与实际测度。本章首先严格按照社会调查量表编制的理论、方法与程序开发设计研究所使用的问卷，进行了信度和效度的检验，根据检验结果对问卷进行修改和完善。在确定所使用的问卷后，对 200 余个县级政府进行实证调查，并采用 SPSS 18.0 软件对实际测度结果进行描述性统计分析。

第五章：基于统计分析的政府信用与政府绩效关联机理研究。本章是全书的核心部分之一，综合运用了多种统计方法对问卷数据进行分析，包括运用典型相关分析考察政府信用与政府绩效两组变量之间的相互依存关系，采用结构方程模型和路径分析揭示不同维度的政府信用对不同维度的政府绩效的影响机理。

第六章：基于系统动力学的政府信用与政府绩效关联机理研究。本章基于统计年鉴所得数据，以行政管理支出代表政府信用，人均 GDP 增长率、人均 GDP 代表政府绩效，在深入分析财政支出结构对于经济增长影响机理的基础上，建立了行政管理支出作用于经济增长的因果关系图和系统流程图，然后运用 Vensim 软件对其进行仿真模拟，并对比分析了不同行政管理支出增长方案下的仿真结果。

第七章：推进守信高效现代政府建设的政策建议。根据统计分析、仿真模拟结果及全面深化改革对县级政府治理转型的要求，提出统筹推进政府信用、政府绩效建设的相关政策建议，以期推进县级政府治理走向现代化。

第八章：结论与展望。本章对全书的研究结论进行总结归纳，指出研究的创新点与不足之处，在此基础上对今后研究方向加以展望。

（三）研究方法

本研究将秉承科学研究的范式，力争把理论探讨与实证分析、定性研究与定量研究紧密结合起来，将综合运用多种数据采集方法和数据分析方法以回答研究设问。这里仅对本书采用的主要研究方法进行说明。

1. 文献调研（documentation method）。在本书写作过程中，研究者将通过数据库、图书馆文献等途径查阅相关文献资料，以深入了解国内外政府信用、政府绩效及组织信用与绩效的关系三个方面的研究现状、存在问题及发展趋势等，参考借鉴其可取之外，并针对以往研究的不足之处进一步提炼本研究的核心思想，聚焦研究问题。同时，研究者还将努力搜集与本研究相关的权威成熟问卷，为问卷编制提供参考。

2. 深度访谈（in - depth interview）。深度访谈是一种无结构的、直接的、一对一的访问形式。访问过程中，由掌握高级访谈技巧的调查员对调查对象进行深入的访问，用以揭示对某一问题的潜在动机、态度和情感。研究者将就相关概念的内涵、结构要素、测度指标及结构方程概念模型等问题，对相关领域的专家和政府官员进行深度访谈，以集思广益，积累研究资料。

3. 问卷调查（questionnaire survey）。本研究将严格按照社会调查量表编制的理论、方法与程序，采用李克特（Likert）七点量表法编制具有较高信度和效度的问卷调查表，以采集我国地方政府信用、地方政府绩效及其他相关变量测度指标的原始数据。

4. 描述性统计分析（descriptive statistical analysis）。运用SPSS 18.0统计软件，对地方政府信用与地方政府绩效进行描述性统计分析，计算各个测度指标的平均值、标准差等统计量，以全面正确了解我国地方政府信用与地方政府绩效的总体水平、维度差异及地区差异。

5. 典型相关分析（canonical correlation analysis）。运用典型相关分析的方法，揭示地方政府信用与地方政府绩效两组变量是否存在相互依存关系，揭示两者间相互依存关系的强弱。

6. 因子分析（factor analysis）。在预调查之后，运用 SPSS 统计软件进行探索性因子分析（exploratory factor analysis），通过尝试以求得量表最佳因素结构，建立问卷的结构效度。在大规模问卷发放之后，运用 Amos 软件进行一阶或二阶验证性因子分析（confirmatory factor analysis），保留因子负荷较高、层次结构清晰及内涵明确的指标，淘汰其余指标，为结构方程模型分析构建合适的测量模型。

7. 结构方程模型（structural equation modeling）。以采集得到的数据为基础，运用 Amos 18.0 软件进行结构方程模型分析，构建地方政府信用与地方政府绩效关联性的结构方程模型，深入揭示地方政府信用与地方政府绩效之间的关联方向、关联路径及关联强度，正确了解和把握地方政府信用（自变量）对地方政府绩效（因变量）的影响机理（包括影响方向、影响路径、影响强度）。

8. 系统动力学（system dynamics）。以从统计年鉴中获得的相关数据为基础，依据系统动力学建模的原则与步骤，建立政府信用与政府绩效关联机理的因果关系图和系统流程图，然后运用 Vensim 软件进行仿真模拟，分析预测政府信用的变动情况对于政府绩效可能的影响。

第二章　文献回顾与述评

国内外学者已在政府信用、政府绩效两个领域做了大量研究，取得了众多优秀成果，一些学者在信用与绩效两者相互关系上也进行了有益的探索，研究成果为开展本研究提供了一定基础。下面本章将从政府信用、政府绩效及信用与绩效的关系三个方面对已有文献进行系统地回顾与归纳，评述以往研究取得的成果与不足，明晰相关概念的内涵，提出本研究的切入点与突破口，从而为构建本研究的分析框架和概念模型奠定理论基础。

一　政府信用相关研究

政府信用在社会信用体系中居于核心地位，起着基础性、决定性、导向性的作用。没有良好的政府信用，就无法建立完善的社会信用体系。近年来，国内外学术界加强了对政府信用这一原本被忽视的重要问题的研究，得到了一些有价值的研究成果。下面本节将从政府信用的内涵、政府信用缺失的成因与影响因素、政府信用的评价体系与评价模型三个方面系统地回顾和分析政府信用领域的相关学术成果。

（一）信用与政府信用的内涵研究

信用是一种社会的、历史的现象，其历史渊源流长，同样，"信用"一词也具有悠久的历史。在汉语中，"信用"一词的含义颇多。2010年出版的《辞海》第六版普及本中列出了"信用"的三种释义：其一，谓以诚信任用人，信任使用；其二，遵守诺言，实践成约，从而获得的信任；其三，以偿还为条件的价值运动的特殊形式，多产生于货币借贷和商品交易的赊销或预付之中，其形式有商业信用、银行信用、国家信用和消费信用。国内学者对信用的内涵也给出了各自的看法。郑也夫（2001）在其著作《信任论》中写道："信用是一种特定的诚实，它强调的是守约重诺。"（潘金生等2003）他指出信用是指经济主体之间，以谋求长期利益最大化为目的，建立在诚实守信的道德基础上的心理承诺与约期实践相结合的意志和能力。吴晶妹（2009）认为信用就是获得信任的资本，这种资本由信用意愿与信用能力构成。虽然对信用内涵的界定多种多样，但概括起来不外乎有两种，一种是狭义经济学的理解，核心着眼于经济活动中特定的契约履行——偿债；另一种是广义社会学的理解，侧重于社会生活中一般意义上的承诺履行。根据研究的目的，本研究所指称的"信用"是广义上的信用，相当于《辞海》中"信用"的第二种释义，相应的英语翻译为 trustworthiness，而非国内某些学者笼统译为的 credit。因为，在英文中单词 trustworthiness 是由单词 trustworthy 名词化而来，而根据商务印书馆和牛津大学出版社联合出版的《牛津高阶英汉双解词典》（第七版），单词 trustworthy 的释义为 that you can rely on to be good, honest, sincere, etc, 即值得信任的；可信赖的；可靠的。相应地，trustworthiness 便表示可信赖、确实性，体现了一种值得信任的品质，而 credit 这一单词在英文中主要是指偿还债务的狭义经济信用，并不含有《辞海》对"信用"的第二种解释之义。

政府信用作为一种特殊的公共信用，其内涵与私人信用相比存在明显的不同。迄今为止，学术界尚未就什么是政府信用达成广泛的共识。关于政府信用的内涵比较具有代表性的观点有：

①政府与公民的信任关系是建立在公众对政府的合理期待以及政府回应基础上的一种互动、合作的关系（Fukuyama，1995）；

②政治委托—代理关系中的政府信用，一方面是指政府（信用方）是否具有值得公众（信任方）信任的因素（包括诚实、守信的良好品格等政府人格方面的因素）及其履行契约的能力在客观上能够为信任方所信任的程度，即来自信任方的评价；另一方面是指政府对信任方的责任感以及实际上对公众的期待和信任的回应。简言之，即政府对公众在委托契约中赋予的期待和信任的责任感及其回应（张旭霞，2002）；③政府信用的兑现主要通过政府职能的实现来体现的，政府具有自身事务管理和外部事务管理及服务两大方面的职能。政府信用相应地也包含自身事务管理和外部事务管理及其服务信用（罗忠桓，2002）；④政府信用是社会组织、公众对政府信誉的一种主观评价或价值判断，它是政府行政行为所产生的信誉和形象在社会组织和公众中所形成的一种心理反应（王和平，2003）；⑤所谓政府信用就是政府对法定权力和职责的履行程度，表明政府在自身能力限度内的实际"践约"状态。从某种程度上，可以说是政府与其他主体（公民或其他国家）在交往中建立的、履行某些承诺协约的意志和能力（包兴荣、牛存勇，2006）；⑥政府信用既是指政府及其部门作为公共权力机构或公共权力的受托者信守规则、遵守诺言、实践契约，同时，也是社会组织和公众对政府信誉的一种主观评价或价值判断，是政府行政行为所产生的信誉和形象在社会组织和公众中所形成的一种心理反应（周玉蓉，2007）；⑦政府信用是指政府在公共行政过程中显示出来的合法运作公共权力与竭诚履行公共服务的责任感和能力，在经济交易活动中履约守信的责任感和能力，以及社会组织、公众对其信誉的一种价值判断或评价（夏琼，2007）；⑧政府信用就是国内外社会各主体对一个政府守约重诺的意愿、能力和行为的信任，这里的"约"和"诺"可以理解为政府和社会公众之间的契约，是政府必须完成的职责（章延杰，2007）；⑨政府信用指的是政府认真恪守并有效履行其法定职责及其对公众的承诺而赢得公众信任的状况。这一界定涵盖三层意思：一是政府作为代理人恪守对政治委托人即公众

的信用责任和诚意；二是信用政府必须有能力去履行其信用责任；三是由上述两个因素决定的政府履行其信用责任的实际状况，以及由此产生的公众对政府的评价及信任状况（何显明，2007）；⑩政府守信是指政府维护和遵守政府信用，即与各界往来中维护诚实守信的形象、贯彻执行各项政策与规则、遵守经济交易活动惯例及由此形成的债权债务关系契约（吴晶妹，2009）；⑪政府信用的本质是具有政绩偏好的"政治人"在任期内对公共权力委托人所做出的契约承诺、履行契约的行为过程及其履约的结果，"政治人"与公共权力委托人之间的政绩博弈构成了政府信用的核心内容（周伟贤，2010）；⑫所谓地方政府的信用，主要是指各级地方政府机关在经济、政治、文化、社会等事务的管理活动中履行承诺的程度（方雷等，2010）；⑬政府信用可以定义为：在以立法机关、司法机关、行政机关和法律法规授权行使行政权力的事业单位和组织（统称政府）为一方主体的交互行为中，政府行为具有不确定性，隐含着对另一方造成不利影响的风险，另一方有选择相信与不相信政府不会作出损害自己利益行为的自由，并可根据相信与不相信作出与政府合作与不合作的选择；而另一方的合作能给政府带来利益，另一方相信并选择与政府合作的，则政府取得了主体信用（王新红，2011）。

表 2.1　　　　　　　政府信用代表性定义回顾

作者	政府信用的定义	关键词
Fukuyama（1995）	公众对政府的合理期待以及政府回应基础上的一种互动、合作的关系	期待、回应、关系
张旭霞（2002）	政府对公众在委托契约中赋予的期待和信任的责任感及其回应	责任感、回应
罗忠桓（2002）	政府职能的实现	实现
王和平（2003）	社会组织、公众对政府信誉的一种主观评价或价值判断	评价、判断

作者	政府信用的定义	关键词
包兴荣、牛存勇（2006）	对法定权力和职责的履行程度	履行、程度
周玉蓉（2007）	政府及其部门作为公共权力机构或公共权力的受托者信守规则、遵守诺言、实践契约，同时也是社会组织和公众对政府信誉的一种主观评价或价值判断	遵守、实践、评价、判断
夏琼（2007）	合法运作公共权力和竭诚履行公共服务的责任感和能力，在经济交易活动中履约守信的责任感和能力，以及社会组织、公众对其信誉的一种价值判断或评价	责任感、能力、评价、判断
章延杰（2007）	国内外社会各主体对一个政府守约重诺的意愿、能力和行为的信任	意愿、能力、行为、信任
何显明（2007）	政府认真恪守并有效履行其法定职责及其对公众的承诺而赢得公众信任的状况	恪守、履行、信任
吴晶妹（2009）	政府践约、履行承诺	践约、履行
周伟贤（2010）	对公共权力委托人所作出的契约承诺、履行契约的行为过程及其履约的结果	承诺、履行、过程、结果
方雷等（2010）	履行承诺的程度	履行、程度
王新红（2011）	另一方相信并选择与政府合作，并能给政府带来利益	相信、合作、利益

将国内外学者关于政府信用的定义进行归纳总结（见表2.1），可以看到学者们主要是从以下几个角度界定政府信用的。第一种观点可以称为能动观，这类界定从政府信用的主体——政府出发来界

定政府信用，强调政府履行职责和承诺的意愿及能力，例如罗忠桓、包兴荣、牛存勇、吴晶妹及周伟贤的定义；第二种观点可以称为认知观，这类定义从政府信用的客体——公众和社会组织等出发界定政府信用，偏重于公众和社会组织主观上对政府的信用评价，例如王和平、章延杰对政府信用的界定；第三种观点可以称为能动—认知综合观，这类定义同时从政府信用的主客体出发界定政府信用，既强调政府的信用诚意和信用能力，也突出了社会公众对政府的信用评价，例如 Fukuyama、张旭霞及何显明等人对政府信用的界定。此外，王新红的观点则比较独特。他从经济学与经济法学交叉的视角出发，认为信用是具有利用价值的信任，并扩展了经济学上狭义信用价值的范围，指出这种价值不仅仅包括借贷、延期付款、延期交货等经济利益，并在此基础上发展提出了政府信用的定义。

　　不同学者对政府信用内涵的理解五彩缤纷，这种定义的多元化在一定程度上推动了对政府信用的研究，但仔细推敲可以发现某些定义存在着明显的缺陷与不足。认知观的定义实质上把政府信用等同于对政府的信任，显然是混淆了信用与信任的区别。尽管信用与信任是两个相近的概念，但两者之间还是存在一些明显的区别。信用（trustworthiness）是名词，表达静态的属性，即可信任的（范晓屏、吴中伦，2005）。换句话说，即使没有信任的需求，一个人或机构仍可以拥有信用这种品质（Levi and Stoker, 2000）。信任则是人的一种态度或心理状态（郑也夫，2001；Choand Ringquist, 2011）。最近的实验经济学研究也证明是值得信赖的行为（也即信用）引起了信任，而不是相反（Chaudhuri and Gangadharan, 2007；Schotter and Sopher, 2006）。另外，能动—认知综合观虽然给出了一个近乎完美的政府信用概念，但是这种理解过于宽泛，甚至包含了公众对政府的主观评价和情感态度，但这并不是政府信用本身，而是政府信用引起的后果。一个客观存在的事物和人们对这个事物的认识和所持的态度是两回事，不可混为一谈。综上所述，并依据上文对信用的界定，本研究认为只有能动观准确地反映出了政府信用的内涵，政府信用可以定义为政府履行法定职责及对公众承诺的责任感和能力，表现为政府在自身能力限度内的实际"践约"状态。当然，政府的这种信用责任是基于其为社会提供公共产品和公共服务的公共主体的身份而产生的，而不仅仅作为一个与企业一样的参与市场经济活动的经济主体。表2.2具体阐明了本研究所谓的政府信用（government trustworthiness）与一些易混淆概念的区别。

表2.2　政府信用（government trustworthiness）与相似概念的区别

中文概念	英文翻译	基本内涵	概念主体
政府信用	government trustworth-iness	政府履行法定职责及对公众承诺的责任感和能力	作为公共主体的政府
政府信用	government credit	政府偿债的能力和意愿	作为经济主体的政府
政府信任	trust in government	公众对政府的一种归属心理和评价态度	公众

（二）政府信用缺失成因与影响因素研究

西方学术界对信用（trustworthiness）问题的研究主要聚焦于个体层面，仅有少量政治学、行政学方面的文献探讨过与政府信用（在这些文献中被称为 political trustworthiness、governmental trustworthiness、government reliability 等）类似的问题，但是西方学术界积累了丰富的政府信任（trust in government）方面的文献。这些研究与本文的研究主旨虽存在差异，但也有一定的关联性，为我们正确认识政府信用问题提供了有益的参考。

根据西方学者的研究，公民对政府的信任下降是由多种原因造成的，主要包括：第一，经济状况表现低迷以及公民认为政府无力解决现存的财政和金融挑战（Mansbridge，1997；Newton and Norris，2000；Citrin and Luks，2001）；第二，政府浪费和无效（Gore，1993；Nye，1997；Baldassare，2000）。民意调查的结果也支持了这种论点。当被问到为何不信任联邦政府时，81%的被调查者认为政府是浪费的且绩效低下，79%认为政府花钱办错事；第三，社会资本的减少（Mansbridge，1997）。较少参加公民活动的公民容易感到缺乏政治影响力，从而引起了强烈的无力感，并进一步助长了对政治玩世不恭的态度及对政府的不信任（Putnam，2000）；第四，越来越多的政治丑闻和媒体对政治腐败和丑闻的关注（Garment，1991；Chanley et al.，2000）。政治科学家托马斯·帕特森（Thomas Patterson）在20世纪60年代就提出，报纸、杂志、电视新闻等媒介变得越来越消极，逐渐以记者的偏好为中心，更多地关注冲突而不是实质问题，这种情况不仅发生在美国，还有英国、意大利和瑞典。大量有关政府和政治人物的负面报道降低了政府的重要性并导致"坏政府"的观点盛行；第五，行政权力的扩张。文森特·奥斯特罗姆（1974）的研究表明，美国传统的一元化和等级制官僚行政体制存在着行政权力不断扩张的内在冲动，以致行政长官的权力大大超过其实际行政能力。过多的权力不仅使行政官员滥用权力成为可能，更重要的是这实际上意味着他们被赋予了他们不可能履行的责任，结果必然导致政府乃至宪法陷入信用危机。此外，公民感知到政府绩效的下降，尤其是政府在提供公共服务方面绩效的下降（Orren，1997；Peters，1999）；公民有关政治方面知识积累的下降及个人主义的增长（Dalton，2000）；缺乏把公民倾向于民主价值的意愿整合进政治机构（McAllister，1999）；政治领导人的腐败（Thomas，1998）；政党分化（King，1997）等都会造成公民对政府信任的下降。

随着研究的不断深化，西方学者在阐释政府信任危机原因的基础上，开始采用定量实证的手段分析政府信任的影响因素。

Chanley等（2000）首次对影响政府信任的因素进行了多变量分析。他们采用向量自回归的方法检验了从1980年到1997年公众对联邦政府信任度的季度数据，结果发现对经济的负面看法，与国会有关的丑闻，以及公众对犯罪问题关注的增加会导致公众对政府信任的下降。"9·11"事件以后，美国公众对联邦政府的信任度显著提高，为了解释这种变化，Chanley（2002）分析了1980年到2001年政府信任的季度数据，结果表明公众对国际问题的关注以及对经济形势和总统工作的积极评价会引起政府信任的上升，而公众对犯罪问题的担心会造成政府信任的下降。她的研究揭示出"9·11"事件以后公众对联邦政府信任度的提高主要得益于公众把关注的焦点由国内问题转移到了外交政策和国家安全上来，一旦对经济下滑或其他国内问题的担忧重新成为公众关注的重点，公众对联邦政府的信任将再度走低。Keele（2005）通过对美国政党轮替的分析，指出党派身份认同对政府信任有着重要影响，当其所支持的政党上台时，该政党的拥护者会更信任政府。在其后的研究中，Keele（2007）引入了以往被忽视的社会资本变量，并运用误差修正模型系统地考察了政府绩效和社会资本对政府信任的作用，基于1972年到1999年季度数据的分析表明政府绩效和社会资本对政府信任均具有统计显著性影响，进一步的检验发现政府绩效对政府信任的影响较小且是短期性的，而社会资本对政府信任具有持久重要的影响。虽然美国学者对影响联邦政府信任度的因素进行了系统的研究，但在州政府层面考察政府信任影响因素的研究却相当匮乏。Kelleher和Wolak（2007）采用多层次建模的方法初步探索了政治过程、机构的代表性及经济和政策绩效如何影响公众对州议会、州长办公室及州法院的信任。他们发现影响公众对州政府信任度的因素在某种程度上类似于影响联邦政府信任度的因素，但也存在一些明显的差异。具体而言，议员的专业特质、效率低下、党派冲突与贫富分化会降低公众对州议会的信任；低税负和低失业率则有助于增强公众对州议会的信任；腐败、贫富分化与高犯罪率会损害公众对州长办公室的信任；而州长的个人魅力、低税负、低失业率及经济繁荣会提升公众对州长办公室的信任；广泛的代表性和清廉将会使州法院赢得较高的公众信任度。

　　由于本研究所指的政府信用问题在中国这个各项制度尚不健全的转型期国家表现得尤为突出，与此相对应的"政府信用"也是一个具有中国本土特色的学术概念，因此，近年来国内学术界涌现出不少分析政府信用缺失原因的论文。在转型时期的中国，政府公信力下降的原因有：一是"政府超载"，即信用范围与信用能力的不对称；二是利益政府，即规制无度与政府行为的短期化；三是绩效困境，即官员选拔体制的弊端与政府官员行为的短期化；四是政府信用责任机制与制约机制的缺失（何显明，2003）。同时，政府职能转变滞后，传统政府管理方式不适应市场经济发展的新要求及依法行政不完善也导致了政府公信力下降（唐铁汉，2005）。孙亚忠（2007）的分析揭示出，为了纠正市场失灵，实现公共利益，政府必须在自然垄断、人为垄断、存在外部性等领域实施规制政策。但是，在实际经济生活中，基于各种特殊利益的政府规制，会引起众多社会交易成本极高的负和博弈——寻租，源于各种特殊利益的政府规制，是政府寻租、创租、抽租的内生性基础。而政府寻租、创租、抽租所导致公共权力的扭曲和公共权力委托代理运行机制的失灵，极大地增加了社会交易成本，最终将导致政府信用的缺失。赫荣平（2008）指出自身利益驱动了政府失信行为，信息不公开便利了政府失信行为，监督乏力放纵了政府失信行为，官本位心理助长了政府失信行为。杨璐、李家军（2008）从分析地方政府信用风险因素出发，基于解释结构模型（Interpretative Structural Modeling）对地方政府信用风险进行了分析，在此基础上构建出地方政府信用风险系统的结构模型（见图2.1），这也是国内学者通过 ISM 模型对地方政府信用风险因素进行识别和因果关系判断的主要代表。

　　与此同时，国内学者对政府信用影响因素的研究也开始起步。姚明龙（2005）基于世界银行全球政府治理研究数据库（2002 年案例）的数据，较早地考察了各国政府信用的影响因素。他发现在其他情况保持相同的情况下，一个经济体的法制化程度、信息透

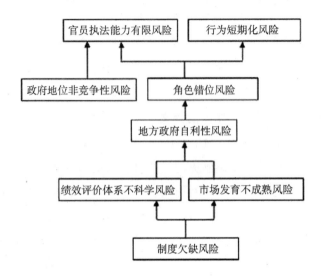

图 2.1   地方政府信用风险系统的结构模型

明度和人均 GDP 分别提高 1 个百分点，其政府信用度将分别提升
0.572、0.135 个和 0.106 个百分点。范柏乃、张鸣（2009）采用
类似的方法和数制来源分析了 2005 年各国的数据。研究揭示出正
式制度和公共信息对政府信用具有统计显著性的影响。一个国家的
法治化程度每提升 1 个百分点，政府信用度即提升 0.534 个百分
点；信息透明度每提升 1 个百分点，政府信用度即提升 0.443 个百
分点。而经济利益和文化环境两个因素对政府信用度不具有统计显
著性的影响。在其后的研究中，范柏乃、张鸣（2012）进一步分
析了我国地方政府信用的影响因素。在对 116 个县级行政区域进行
问卷调查的基础上，他们运用回归分析和路径分析等方法定量考察
了公务员素质、政府能力、制度环境及信用文化四个变量对作为公
共主体的地方政府其信用水平的影响强度、影响路径。结果表明，
制度环境对地方政府信用的影响最强，影响路径最为复杂。信用文
化、政府能力、公务员素质对政府信用的影响依次减弱，且公务员
素质只能通过政府能力间接影响政府信用。

　　此外，国内学者对政府信任影响因素的研究也具有一定的参考
价值。吴建南等（2007）通过对某市政府官员的问卷调查获取相

关数据，分析表明，政府绩效对公众政府信任的直接影响最大，其次公众参与绩效评价程度和评价结果应用都在一定程度上正向影响公众信任。马得勇（2007）通过使用亚洲民主调查（Asian Barometer）研究组提供的数据，研究了亚洲 8 个国家和地区政治信任的影响因素，回归分析表明对国家经济状况的评价、对民主制度运行状况的评价、社会信任及政治威权主义价值观从正面影响人们的政治信任，而对腐败的认识则从负面影响人们的政治信任。从全体样本来看，对经济状况的评价和对人们政治信任的影响最为强烈，威权主义价值观紧随其后。吕维霞和王永贵（2010）基于公众感知建立了满意度、政府形象、政府承诺、公众感知质量、公众人口统计特征和政府公信力之间的假设关系。结构方程模型分析表明政府承诺、满意度、政府形象及公众总体感知质量对政府公信力均具有显著且正向的影响，其路径系数分别为 0.255、0.189、0.176 和 0.247。同时，单因素方差分析表明，不同受教育水平的公众、来自不同地区的公众、少数民族和汉族对政府公信力的评价存在显著的认知差异。胡荣等（2011）根据对厦门市居民的问卷调查，分析了影响城市居民政府信任的各种因素。回归分析的结果表明，从总体上看，社会资本和政府绩效对城市居民政府信任的影响是积极正面的，改进政府工作和建构社会资本可以在很大程度上增加城市居民对各级政府的信任度。

　　政府信任的变迁是多种因素交互作用的结果，根本原因在于公众对政府的认知（也即政府客体因素）与期望（也即公民主体因素）之间的相对落差，受环境因素的调节。之所以政府信任缺失成因尤其是影响因素的研究对本文具有参考价值，正是因为这些研究或多或少都讨论了政府客体因素的作用，而政府客体因素主要就是本文所研究的政府信用。从表 2.3 可知，影响政府信任的政府客体因素主要就是以下两个方面：一方面是以政府绩效、经济形势等为代表的结果性因素，反映出政府是否具备履约践诺的足够能力；另一方面是以腐败、代表性、行政过程为代表的过程性因素，反映出政府是否有履约践诺的真诚意愿。此外，在仅以政府为分析对象的政府信用研究中，除去外部环境因素，学者对政府信用缺失成因及影响因素的研究基本上也是围绕能力和意愿两方面展开分析论证的。

表 2.3   以往研究所揭示的政府信任影响因素

研究者	政府信任影响因素		
	公民主体因素	政府客体因素	环境因素
Chanley 等（2000）	对犯罪问题的关注	经济形势、国会丑闻	/
Chanley（2002）	对犯罪问题的关注	经济形势、总统工作成效	"9·11"事件后国家安全环境剧变
Keele（2005）	党派身份认同	经济形势、总统工作成效	/
Keele（2007）	/	政府绩效、政府丑闻	社会资本
Kelleher, Wolak（2007）	人口统计特征	经济形势、腐败、代表性	贫富分化
VanRyzin（2011）	/	行政过程、政府绩效	/
吴建南等（2007）	公民参与	政府绩效、绩效评价结果应用	/
马得勇（2007）	/	经济状况、民主制度运行状况、腐败	社会信任、政治威权主义价值观
吕维霞、王永贵（2010）	满意度、人口统计特征	政府形象、政府承诺、感知质量	/
胡荣等（2011）	/	政府绩效	社会资本

综上所述，可见上一节从能动观视角出发界定的政府信用概念具有坚实的理论基础和实证依据。政府守信与否既取决于"能"

（是否有能力履约践诺），也取决于"动"（是否愿意采取切实行动履约践诺）。

（三）政府信用的评价体系与评价模型研究

为了更深入地研究政府信用问题，必须对政府信用水平进行科学测度。目前，在国内外影响比较大的政府信用评价体系与评价模型主要有以下几种：

第一，"标准—普尔"政府信用等级评价体系。该体系从定性和定量两个方面对各个国家或地区政府的财政信用（government credit）进行评价，包括政治风险、收入和经济结构、经济增长的前景、财政弹性、中央及地方政府的债务负担、境外负债和或有负债、货币稳定性、对外流动性、公共部门的外债负担、私营部门的外债负担等10大类共49项评价指标。在每类标准中，各国（或地区）政府被按照6个等级（即从最好到最差）进行评价。该评价体系的指标大多为经济指标，但少数测量政治风险的指标对本研究开发设计政府信用评价指标有一定参考和借鉴价值。

第二，李杨等（2007）建立的地方政府信用评价指标体系（见表2.4）。首先，他们按照全面性、可比性和科学性的原则，从政府公信度、经济发展水平和社会稳定程度三个方面构建了地方政府信用评价指标体系；其次，采用德尔菲法确定了各单项指标的权重和定性指标的标准值；最后，在得出单项指标评价值的基础上，通过多目标线性加权函数模型确定评价总值。

表2.4　　　　　　李杨等的地方政府信用评价指标体系

评价内容	评价指标	权重	标准值
一、提高政府公信度 0.42	科学决策能力	0.11	定性评议
	政策及法规保障能力	0.08	同上
	经济环境治理能力	0.07	同上
	政府信息公开披露体系建设的完备程度	0.12	同上

续表

评价内容	评价指标	权重	标准值
一、提高政府公信度 0.42	政府应急机制和危机管理能力	0.08	同上
	公务员队伍的廉洁务实勤政高效	0.15	同上
	每万人中刑事案件立案数	0.09	≤22 件
	每万人中治安案件发生率	0.08	≤20 件
	教育科技投入占 GDP 的比重	0.09	≥5%
	公共卫生投入占 GDP 的比重	0.06	≥2%
	环保投入占 GDP 的比重	0.07	≥1.5%
二、促进经济发展 0.32	人均国内生产总值	0.15	≥3000 美元
	经济增长波动系数	0.10	≤2
	人均实际利用外资	0.10	≥200 美元
	非国有工业产值占工业总产值的比重	0.14	≥85%
	赤字占 GDP 的比重	0.11	≤3%
	非农产业增加值占 GDP 的比重	0.14	≥90%
	出口额占 GDP 的比重	0.13	≥30%
	人均固定资产投资额	0.13	≥5340 元
三、维护社会稳定 0.26	人口自然增长率	0.07	≤5‰
	恩格尔系数	0.08	≤40%
	基尼系数	0.13	≤0.35
	区域差异指数	0.10	1
	城镇登记失业率	0.11	≤0.5%
	社会保障网络覆盖面	0.12	100%
	贫困发生率	0.09	≤5%

续表

评价内容	评价指标	权重	标准值
三、维护社会稳定 0.26	农民人均纯收入	0.08	≥6700 元
	城镇居民人均可支配收入	0.08	≥20000 元
	城乡居民人均可支配收入的比值	0.07	≤1.5
	农民人均负担额	0.07	≤100 元

备注：1. 经济增长波动指数采用近五年国内生产总值年增长率的标准差来计算。2. 恩格尔系数采用人均食品消费支出占总消费支出比重来计算。3. 基尼系数计算公式为：Gi = 1 + 1/n − 2/n2Y（Y1 + 2Y2 + … + nYn）式中 n 表示参与计算基尼系数的人数，Y1，Y2，…，Yn 是按高到低排列的个人收入值；Y 表示人均收入。4. 区域差异指数采用威廉逊系数来计算。其计算式为：区域差异指数 = 1 − R，其中：R = [∑（Yi − Y）· Pi/∑ Pi] 1/2/Y 式中 Yi 表示被评估地区人均 GDP，Pi 表示各地区人口数；Y 表示高一级区域人均 GDP。5. 贫困发生率指贫困人口占总人口的比重。6. 农民人均负担额指各种摊派费及不合理的收费等。7. 定量指标标准值的确定参考小康社会标准。

第三，学者李长江（2003）构建的地方政府信用评价模型。通过参考"西肖尔金字塔模型"，李长江构建了一个衡量政府信用水平的一般模型，具体如下：

模型 1：$Z = aX + bY$。Z 为政府信用，X 为政府资质，Y 为政府行为能力，X 和 Y 称为第一层次因子，a 为政府资质的权重，b 为政府行为能力的权重。

模型 2：$X = \sum_{i=1}^{m} a_i W_i$。X 为政府资质，$W_i$ 为政府资质的影响因子，称为第二层次因子，a_i 为政府资质各影响因子的权重，m 是大于零的整数。

模型 3：$W_i = \sum_{r=1}^{u} d_r P_r$。$P_r$ 是 W 因子的分值，d_r 是 P_r 相应的比重，u 是大于零的整数。

模型 4：$Y = \sum_{j=1}^{n} b_j R_j$。Y 为政府行为能力，$R_j$ 为政府行为能力

的影响因子，称第二层次因子。b_j 为政府行为能力的影响因子的权重，n 是大于零的整数。

模型 5：$R_j = \sum\limits_{e=1}^{V} s_e H_e$。$H_e$ 是 R_j 的因子分值，s_e 是 H_e 相应比重，V 是大于零的整数。

模型 6：$G = \sum\limits_{k=1}^{Q} c_k Z_k$。G 为整体信用，$Z_k$ 为各级政府信用；k 为政府的数量；c_k 为各级政府在整体信用中的权重；Q 是大于零的整数。

第四，周伟贤（2010）在借鉴欧盟通用评估框架的基础上，结合中国国情，在分析转轨时期影响我国地方政府信用发展程度的各种因素的基础上，建立的地方政府信用评估指标体系（见表 2.5）。

表 2.5　　　　　周伟贤地方政府信用评估指标体系

因素	一级指标	二级指标	三级指标
形成因素	行政能力建设	依法行政	具体行政行为的合法率、抽象行政行为的合法率、行政诉讼的败诉率、行政复议的纠错率、行政过错的责任追究状况、行政赔偿状况
		高效行政	内部管理制度的完善程度、工作时限的遵守情况、效能投诉办结率
		服务行政	基础设施建设状况、社会突发事件的应急制度建设及执行状况、公共服务行业的满意度
	政策法规管理	政策管理水平	政策的合法性、政策的民主科学程度、政策的稳定性和连贯性、中央政策的执行程度
		法规管理水平	地方性法规的合法性、合理性；地方性法规和部门规章的成本收益分析
	公民参与政治程度	政务信息的透明度	政务公开制度的完善程度、公开信息占政务信息总量的比例、电子政务建设状况等
		公众参与政治的途径	听政制度的完善程度、信访举报或投诉的渠道建设情况、公众意见收集机构的建设

续表

因素	一级指标	二级指标	三级指标
形成因素	政府资质水平	公众意见的重要程度	行政决策中公众意见所占比重、行政行为实施过程中公众意见的受重视程度、信访投诉的办结率等
		人力资源状况	学历结构、年龄结构、领导班子团队建设、人力资源开发战略规划等
		职能设置状况	经济调节和市场监管职能市场化程度、社会保障和公共服务职能的强化程度、职能越位、缺位状况
		廉政建设状况	贪污腐败和行政违纪违法人员比重、机关工作作风状况
结果因素	影响结果	经济	人均 GDP 及其增长率、城镇登记失业率、货币的稳定性、财政发展指数、城镇居民收入指数、农村居民收入指数、政府债务逾期额增长等
		社会	社会安全指数、社会治安满意率、社会保障覆盖率、贫困人口比重、恩格尔系数、生产和交通事故的死亡率、城镇化程度
		人口与环境	人均预期寿命、人口的自然增长环境质量指数、资源消耗指数
		科教文卫事业	公共卫生发展指数、人才资源增长率、平均受教育程度、专利授权量、科技创新成果情况、社会诚信程度
	公民结果	公众满意度	公众满意度的具体指标设计及测评
		公众的抱怨	公众对政府行为提起的行政诉讼情况以及公众上访或信访情况等
		媒体评价	国内外媒体对政府信用状况的评价

续表

因素	一级指标	二级指标	三级指标
结果因素	效绩结果	工作计划的完成程度	年工作计划完成情况、政府对外承诺事项的完成情况等
		行政效率	行政经费占财政支出的比重、行政人员占总人口的比重

第五，范柏乃和张鸣（2012）从地方政府的职能领域出发，首先从行政管理、公共服务、经济发展和社会发展4个关键领域遴选出34个理论评价指标，其次对理论遴选指标进行了隶属度分析、相关分析及辨别力分析等实证筛选，最后建立了由15个指标组成的政府信用评价指标体系（见表2.6）。

表2.6　　　　　　范柏乃和张鸣的政府信用评价指标体系

评价目标	评价领域	指标层（评估指标）
我国地方政府信用水平	行政管理信用	1. 政策对公众需求的回应性
		2. 政府工作的透明度
		3. 行政执法的公正性
		4. 公务员的诚信水平
	公共服务信用	5. 政府对基础教育方面承诺的履行程度
		6. 政府对医疗卫生方面承诺的履行程度
		7. 政府对社会保障方面承诺的履行程度
	经济发展信用	8. 政府对经济增长方面承诺的履行程度
		9. 政府对控制物价方面承诺的履行程度
		10. 政府对控制房价方面承诺的履行程度
		11. 政府对增加就业方面承诺的履行程度
		12. 政府对增加居民收入方面承诺的履行程度
	社会发展信用	13. 政府调节社会利益分配的能力
		14. 公众对生活质量的满意度
		15. 政府对安全生产的监管力度

　　此外，可被视为政府信用评价体系的还有世界银行开发的全球政府治理研究数据库。该数据库包含民主参与性、政治稳定性、政府有效性、管理质量、法治化程度和腐败可控性 6 项指标。其中政府有效性的定义为"公共服务的质量，公务员制度的质量及其独立于政治压力的程度，政策制定和实施的品质，以及政府承诺的可靠性"，相当于本研究意义上的政府信用，因此可被视为是对政府信用水平的衡量。数据库的数据来源于对公司和个人的调查，以及商业风险评估机构、非政府组织和多边援助机构的评估，最终这 6 项指标由来自 25 个组织的 31 个数据来源的 276 个独立变量通过非观测成分模型合成而得，取值范围为 0 ~ 100。

　　以上研究成果为本研究科学设计政府信用评估指标体系提供了有益的参考，但也都存在某些问题。西方信用评级机构所开发的政府信用评价体系虽然精致，但是这种评级只是对政府资信状况的评估，其理论基础是把政府假设为与企业、个人一样的经济主体。这种方法没有考虑到政府作为一个公共主体所要履行的各种职能，显然并不适合对作为公共主体的政府进行信用评价。而国内学者建立的指标体系主要还停留于理论尝试，很少运用于实践。更重要的是，其对政府信用的维度划分缺乏坚实的理论依据，存在较大的随意性。

二　政府绩效相关研究

　　政府绩效对社会经济发展起着重要作用。自从进入 20 世纪 90 年代以来，对绩效的研究已成为公共管理领域学者的时代精神，确切地说，政府绩效已深深地根植于公共管理之中，实际上是这个专业创立的前提（Coplin et al.，2002）。在时代的感召下，国内外学者对政府绩效问题开展了大量研究，取得了丰硕的研究成果。本节将从政府绩效的内涵、政府绩效的影响因素及政府绩效的测度指标体系三个方面全面综述已有研究成果。

（一）绩效与政府绩效的内涵研究

"绩效"（performance）最早来源于经济学上的一个概念，主要以可计算的利润来表达。随着社会经济和企业管理的发展，绩效的含义逐渐拓展，并扩散到多个学科领域，逐步取代了"效率"这一概念。但目前无论是在学术界还是在实业界，都还没有对绩效形成一致性的定义。绩效可以指行为，也可以指工作结果或产出。一般而言，组织绩效泛指组织运行过程及其结果表现（吴建南等，2005）。具体地，所谓绩效是指组织立足于长远发展，以提高个人绩效和组织绩效为基本目标，为个人积极性的提高和创造性的发挥提供空间，并以组织服务对象的满意度为衡量指标的一种新的衡量（胡税根，2005）。究其可操作化的概念内涵来看，组织绩效包括了财务、客户、内部营运过程及学习和成长等方面（Kaplan and Norton，1992）。

政府绩效，在西方也称"公共生产力""国家生产率""公共管理绩效"等。政府绩效具有组织绩效的一般内涵，但由于政府管理本身强调多元价值的平衡，因而政府绩效的内涵更复杂且更具多维性质（Andrews and Boyne，2010），也更加难以精确界定。Putnam（1993）认为，在代议制体制中，政府绩效是指政府对选民的回应性以及管理公共事务的效率。国内学者们结合中国实际，对政府绩效这一概念进行了较为深入的阐述。卓越（2004）把政府绩效定义为政府部门在积极履行公共责任的过程中，在讲求内部管理与外部效应、数量与质量、经济因素和伦理政治因素、刚性规范和柔性机制相统一的基础上，获得的公共产出最大化。倪星（2007）认为，地方政府的治理绩效是指各级地方政府在管理社会公共事务、提供公共服务过程中所取得的成绩和效益。范柏乃（2007）根据我国政府的基本职能，提出政府绩效是指政府在一定时期内行使其功能、实现其意志过程中体现出的行政管理能力，是对国民经济和社会事务进行宏观规划、引导和管理所取得的效果和效益，集中表现在行政管理、经济发展、社会稳定、教育科技、生活质量和生态环境等方面的绩效。何凤秋（2008）指出政府绩效是指政府为了满足社会共同需要而进行的资源配置活动与取得的社会综合效益之间的比较关系，其基本内涵是政府配置资源的合比例性和财政资源运用的有效性。政府绩效可分为多种类型，从政府绩效的内涵范围来看，有广义政府绩效和狭义政府绩效；从政府绩效的不同性质来看，有服务绩效、管理绩效和统治绩效；从政府绩效的运行流程来看，有决策绩效、执行绩效和监督绩效；从政府绩效的保证条件来看，有命令绩效、自觉绩效、技术绩效和制度绩效；从政府绩效的外在形式来看，有量化绩效和非量化绩效（何力平，2005）。

综上所述，大部分学者都认同组织绩效主要体现为组织的结果表现。相应地，政府绩效便主要体现为政府在管理社会公共事务的过程中所取得的行政效率、行政效益和行政效果。本研究也将采纳这一主流观点作为政府绩效的定义。

（二）政府绩效影响因素研究

鉴于政府绩效的重要作用，学者们对"是什么因素造成有的国家或地区政府绩效水平高，而有的国家或地区政府绩效水平低"这个问题有着浓厚的兴趣，从不同的研究视角对政府绩效的影响因素进行了考察，现有研究视角主要包括以下几方面。

①社会资本。在对意大利地区政府进行了长达20年的跟踪研究后，Putnam（1993）发现社会资本能对政府绩效产生重大影响。他指出，横向组织成员的数量应该与政府有着正相关，垂直状的等级组织的成员比率应该与政府有着负相关。意大利的北部地区因为具有公民传统而拥有了大量积极的社会资本，因此带来了高水平的政府绩效；而深受等级庇护影响的南方因为拥有更多的消极社会资本，政府的腐败现象比北方严重，政府绩效也远逊于北方。进一步地对美国地方政府和德国地方政府的研究表明，社会资本对政府绩效中的政策行动（policy activism）维度具有统计显著性的影响，

而对政府绩效中的行政效率（administrative efficiency）维度没有统计显著性的影响（Tavits，2006）。②公民文化。受 Putnam 社会资本研究的启发，一些学者开始关注公民文化对政府绩效的影响。对美国 50 个州的研究表明，公民文化与政府绩效之间存在着显著的联系，公民文化对政府绩效的一元线性回归系数为 0.60，两者之间的关系即使在控制政治文化、意识形态、教育状况及其他因素之后依然显著（Rice and Sumberg，1997）。③政府体制。对美国和德国地方政府的研究表明，如果一个地区的市长是直选产生的、集权的秉握有对市议会的否决权，那么这个地区的政府往往有更多的政策创新，其政策也更契合人民的需求，因而这些地区的政府绩效也远远高于那些分权型的地方政府（Cusack，1999；Svara，1990）。通过对联邦职业培训计划的研究发现，如果正式权力的集中程度更高，并在计划中引入私营工业委员会的控制，那么培训计划将会更强调对绩效的关注，计划参与者挣得的工资也会更高（Heinrich，2002）。④管理能力与领导力。Ingraham 等（2003）认为，有效的管理也许是影响组织绩效的最重要因素。基于 2002—2003 年全美行政研究项目（National Administrative Studies Project）的调查数据，Moynihan 和 Pandey（2005）研究发现发展型的组织文化、明确的组织目标、决策权的下放都有助于提升组织效能。在政府管理领域，财政既是政府施政计划具体实现的首要途径，也是政府部门中影响组织行为最强有力的和起支配作用的因素。在特定资源禀赋条件下，中国地方政府财政管理与其绩效关系主要是通过财政管理调控组织首要领导的角色冲突程度来间接作用的（吴建南等，2005）。同时，领导力对组织绩效也具有重要影响。领导权的稳定性及能否成功处理政治和行政方面的限制将会影响到政府的绩效（Rainey and Steinbauer，1999）。在前人研究的基础上，Andrews 和 Boyne（2010）以英国 88 个地方政府为研究样本，系统地检验了管理能力和组织领导力对政府绩效的影响。回归分析结果表明，即使在控制组织规模、资源、外部约束及往期绩效的情况下，管理能力对政府绩效依然具有显著的正向影响，组织领导力则可以进一步增强一个有效的管理系统对绩效的提升作用。⑤行政成本。政府绩效与行政成本密切相关，成本是决定政府绩效的基本要素，正当成本是政府绩效的基础，不当成本会导致政府绩效降低或丧失，成本结构影响政府绩效的提升（王玉明，2008）。赵爱英和李晓宏（2009）进一步指出政府绩效与行政成本呈现递减式曲线的关系，即政府绩效是行政成本的边际递减函数。

（三）政府绩效的测度指标体系研究

对政府绩效的研究很大程度上服务于政府管理的实践需求，因此，开发设计科学合理的政府绩效指标体系便成为政府绩效研究的重要组成部分。

在主要西方民主国家，如美国、英国、新西兰、澳大利亚和瑞士，绩效评估作为改进政府服务的工具已经开展了 20 多年（Boyne and Law，2005；MacAdam and Walker，2003）。因此，西方国家在政府绩效的测度指标体系方面积累了大量经验。代表性的指标体系有：①Putnam（1993）在评估意大利地区政府绩效水平时所使用的指标体系。该指标体系包括内阁的稳定性、预算的及时性、统计和信息服务、立法改革、立法的创造性、日托中心、家庭诊所、产业政策工具、农业开支能力、地方医疗保健单位的支出、住房与城市发展、官僚机构反应的灵敏度共 12 个指标。②欧洲通用评估框架（Common Assessment Framework）。该框架是由欧洲公共服务创新小组所开发，试行版发表于 2000 年 5 月，并于 2002 年进行了首次修订，其后又于 2006 年进行了再次修订。欧洲通用评估框架2006 年版包括促成要素和结果要素两大方面。其中，促成要素包括领导力、战略规划、员工、伙伴关系与资源、流程共 5 个一级标准，结果要素包括公民/顾客导向的结果、员工结果、社会结果和关键绩效结果 4 个一级标准。这 9 个一级标准还可以进一步细分为28 个二级标准。③La Porta 等（1999）在研究政府质量的影响因素时建立的政府绩效指标体系。该指标体系包括对私营部门的干预程度、行政效率、公共产品产出、公共部门规模及政治自由5个维度共15个指标。④从管理能力的视角出发，由财政管理、资本管理、人力资源管理、信息技术管理和结果管理5个维度组成的政府绩效指标体系（Ingraham et al., 2003）。

　　近年来，政府绩效评估在我国日益受到重视。国内专家学者采用各种方法提出了自己的绩效指标体系，主要有：①中国省级政府效率评估指标（唐任伍、唐天伟，2004）。由政府公共服务、公共物品、政府规模和居民经济福利4个因素及其子因素组成，共计47个指标（见表2.7）。②范柏乃和朱华（2005）构建的地方政府绩效评价体系。他们首先从行政管理、经济发展、社会稳定、教育科技、生活质量和生态环境6个领域理论遴选了66个指标，其次采用隶属度分析、相关分析和鉴别力分析等多种方法对理论指标进行实证筛选，最后筛选出具有代表性的37项指标（见表2.8）。③倪星（2007）建立的地方政府绩效评估指标体系。从政治合法性和政府所应遵循的价值标准的角度出发，从投入、管理过程、产出及结果维度构建地方政府绩效评估指标体系，并依据对政府官员、MPA学员及教师的问卷调查，运用相应的统计方法对指标体系进行筛选，最终得到一个包含65项指标的地方政府绩效评估指标体系。④中国地方政府综合绩效指标体系。桑助来（2009）领导的中国地方政府绩效评估体系研究课题组经过深入调查，并组织有关专家论证，提出了一套由发展指标、职能指标和潜力指标三层共33个指标构成的地方政府绩效评估指标体系（见表2.9），用于全面系统地评估各级地方政府，特别是市县级政府绩效和业绩状况。⑤杨缅昆（2010）在评析以往政府绩效评价研究缺陷和问题的基础上，提出以社会成员的综合福利作为评价域，并据此构建出包括状态指标体系和公共管理效益指数在内的政府公共管理绩效评价研究框架。原始的公共管理效益指数如式（1）所示，但由于该式过于复杂，操作起来比较困难，作者又将其简化为式（2）。

$$\text{公共管理效益指数} = \frac{\dfrac{\text{报告期国民福利指数}-\text{基期国民福利指数}}{\text{基期国民福利指数}}}{\dfrac{\text{报告期财政支出指数}-\text{基期财政支出指数}}{\text{基期财政支出指数}}} \qquad (1)$$

$$\text{公共管理效益指数} = \frac{\text{报告期综合福利指数}}{\text{报告期财政支出指数}} \qquad (2)$$

表 2.7　　　　　　　　中国省级政府效率评估指标

因素	子因素	具体评估指标
政府公共服务	科教文卫服务	1. 人均科技三项费用（元） 2. 产品优等品率（%） 3. 三种专利申请批准量（项/10万人） 4. 人均技术市场成交额（元） 5. 初等教育学生—教师比 6. 中等教育学生—教师比 7. 文盲半文盲率（%） 8. 国家财政性教育经费占 GDP 的比例（%） 9. 文艺出版单位（个/10万人） 10. 卫生床位（张/10万人） 11. 卫生人员（人/10万人）
	公共安全服务	12. 三种事故发生率（起/10万人） 13. 三种事故人均损失（元） 14. 立法（新立法、修正或清理的旧法，含法规、法案、条例等）（部） 15. 法院一审受理案件（件） 16. 法院一审案件审结（件） 17. 检察院批捕犯罪嫌疑人数（人） 18. 公安局破获或立案刑事案件（起） 19. 刑事案件发生率（起/10万人）
	气象服务	20. 农业气象业务站点（个/10万人） 21. 地震监测台（个/10万人）
	社会保障服务	22. 年末职业介绍机构（个/10万人） 23. 城镇社区服务设施（个/10万人） 24. 农村社会保障网络（个/10万人）

因素	子因素	具体评估指标
公共物品	社会基础设施	25. 国家预算内基本建设和更新改造投资（亿元） 26. 基本建设和更新改造投资中地方项目与中央项目之比（%） 27. 基本建设和更新改造项目建成投产率（%） 28. 工业"三废"治理效率（%） 29. 每万人拥有水库容量（亿立方米/万人） 30. 自然保护区面积与辖区面积之比（%）
	城市基本设施	31. 城市煤气普及率（%） 32. 城市每万人拥有公共交通车辆（标台） 33. 城市人均拥有铺装道路面积（平方米） 34. 城市人均公共绿地面积（平方米） 35. 城市每万人拥有公共厕所（座）
政府规模		36. 行政就业人员占总人口比重（人/万人） 37. 行政就业人员占总就业人员比重（%） 38. 政府消费与最终消费之比（%） 39. 政府消费与 GDP 之比（%） 40. 罚没收入及行政性收费占财政收入的比例（%）
居民经济福利		41. 农村居民家庭人均纯收入（元） 42. 城镇居民家庭人均可支配收入（元） 43. 农村居民家庭恩格尔系数（%） 44. 城镇居民家庭恩格尔系数（%） 45. 居民消费价格指数（上年＝100） 46. 人均 GDP（元） 47. 政策性补贴与财政支出之比（%）

表 2.8 　　　　范柏乃和朱华的地方政府绩效评价体系

目标层	领域层	指标层（评估指标）	单位
中国地方政府绩效评价	行政管理	1. 政府开支占 GDP 比重	%
		2. 公务员占总人口比重	%
		3. 本科以上学历占公务员比重	%
		4. 政策的稳定性	等级
		5. 政务的公开性	等级
		6. 执法的公正性	等级
		7. 对假冒伪劣产品打击力度	等级

续表

目标层	领域层	指标层（评估指标）	单位
中国地方政府绩效评价	经济发展	8. GDP 增长率	%
		9. 原材料消耗强度	%
		10. 人均 GDP	万元
		11. 单位能耗产出 GDP	元/吨标准煤
		12. 全员劳动生产率	元/人·年
	社会稳定	13. 城镇登记失业率	%
		14. 人口自然增长率	%
		15. 居民消费价格指数	—
		16. 生产事故死亡人数	人
		17. 社会保险覆盖率	%
	教育科技	18. 教育经费占 GDP 比重	%
		19. 大专以上学历占总人口比重	%
		20. 科技经费占 GDP 比重	%
		21. 万人专利授权量	件
		22. 科技进步贡献率	%
	生活质量	23. 城镇居民人均可支配收入	元
		24. 农村居民人均纯收入	元
		25. 人均居住面积	平方米
		26. 人均道路面积	平方米
		27. 万人公交车拥有量	辆
		28. 百人固定电话拥有量	门
		29. 人均年生活用电量	度
	生态环境	30. 环保资金投入占 GDP 比重	%
		31. 工业废水处理率	%
		32. 工业废气净化率	%
		33. 工业固体废物处理率	%
		34. 人均二氧化硫排放量	立方米
		35. 人均绿地面积	公顷
		36. 人均耕地面积	公顷
		37. 森林覆盖率	%

表 2.9   中国地方政府综合绩效指标体系

一级指标	二级指标	三级指标
地方政府综合绩效		
发展指标	经济	1. 人均 GDP 2. 社会劳动生产率 3. 财政收入水平
发展指标	社会	4. 居民人均可支配收入 5. 恩格尔系数 6. 人均受教育程度
发展指标	资源环境	7. 空气综合污染指数（农村自来水） 8. 资源消耗率 9. 人口自然增长率
职能指标	经济调节	10. GDP 增长率 11. 城镇实际失业率 12. 服务业增加值占 GDP 比重
职能指标	市场监管	13. 市场经济秩序完善程度 14. 消费者投诉率 15. 企业满意度
职能指标	社会管理	16. 社会事业投入占财政支出比重 17. 刑事案件发案率 18. 责任事故死亡率
职能指标	公共服务	19. 社会保障覆盖率 20. 义务教育实现程度 21. 公民满意度
职能指标	国有资产管理	22. 国有企业实现利润增长率 23. 经营性国有资产增值率 24. 行政性国有资产占总资产比例
潜力指标	人力资源状况	25. 公务员中本科以上学历者所占比例 26. 公务员能力建设 27. 公务员激励约束机制状况
潜力指标	廉洁状况	28. 腐败案件涉案人数占行政人员比率 29. 政务透明度 30. 公民评议状况
潜力指标	行政效率	31. 行政经费占财政支出的比重 32. 行政人员占总人口的比重 33. 电子政务

由上可见，以往的政府绩效指标体系主要是从政府的管理能力或者是从政府的管理结果两个方面去测度政府绩效。由于国情不同、政治体制不同、政府职能不同，西方学者设计的指标体系不可能完全适用于对中国地方政府进行评估。而国内学者构建的指标体系各具特色，但也存在指标体系过于繁杂、维度划分不尽合理、硬性指标比重过大等缺陷，因此也不能为本研究直接使用。

三 组织信用与绩效的关系研究

以往学术界关于组织信用与绩效的关系研究主要聚焦于私营组织，学者们从商业、金融等方面研究与信用相关的问题，并探讨信用对绩效的影响。

自从 20 世纪末期对信任的研究逐步升温之后，学者们开始关注信任对企业发展的作用。学者们普遍认为信任有助于提升企业的绩效。概括而言，信任可以减少交易成本（Hennart，1993；Kramer，1999；North，1990；Williamson，1991），鼓励组织公民行为（Muchinsky，1977；Parks and Hulbert，1995；Parks et al.，1996；Podsakoff et al.，2000；Smith et al.，1995；Webber，2002），增加自愿服从（Kramer，1999；Kramer and Tyler，1996），带来更迅速的创新和学习（Sable，1993）。后续的实证研究证明了信任的重要作用。Zaheer 等（1998）以来自电气设备制造业的 107 对买家和供应商为样本，用结构方程模型的方法检验了人际信任和组织间信任对企业绩效的影响，研究发现组织间信任可对企业绩效产生积极影响，而人际信任与企业绩效之间则不存在明显的关系。Aryee 等（2002）在研究组织公平与工作结果的关系时把信任作为调解变量，LISREL 拟合出的最优结构方程模型表明对主管的信任在组织公平与工作结果之间起到了完全中介作用，其中对主管的信任与工作任务绩效之间的路径系数为 0.55。Colquitt 等（2007）采用元分析的方法综合了以往信任领域的研究成果，元分析结构方程建模表明信任对工作绩效中的任务绩效与组织公民行为具有显著的正向影响，路径系数分别为 0.36 和 0.06。同时，基于中国背景的信任与企业绩效关系的研究也得到了类似的结论。李宁等（2006）将组织信任划分为对直接领导的信任、对高层领导的信任和对同事的信任，研究表明员工对直接领导、高层领导和同事的信任都会对个体工作绩效产生影响。韦慧民和龙立荣（2009）采用问卷调查法，检验了主管认知信任与情感信任对员工行为及绩效的影响。结构方程模型分析表明：主管认知信任通过注意聚焦的完全中介作用来正向影响员工的任务绩效和组织公民行为；主管情感信任则通过情感承诺的部分中介作用来正向影响员工的任务绩效和组织公民行为。李琳（2010）以我国资本市场沪、深 A 股 1999—2003 年上市公司为研究样本，考察企业间信任度对上市公司交易成本和业绩的影响，研究发现基于声誉的信任是影响我国企业商务活动的重要因素，基于声誉的信任可以降低交易成本，进而提高企业绩效。

另一类与组织信用与绩效关系研究比较接近的是对企业声誉的研究。学术界开展了大量企业声誉（包括信誉）对企业绩效影响的研究，这些研究从另一个侧面反映出信用对于组织发展的重要性。Kotha 等（2001）以互联网业 50 强公司为样本的研究发现，信誉建设行为影响企业财务业绩和产品的市场表现，因而是决定公司竞争成败的关键因素之一。基于资源的观点出发，Michalisin 等（2000）发现公司拥有和控制信誉等战略资产，可以获得持久的竞争优势并赚取超额利润。Roberts 和 Dowling（2002）以《财富》杂志全美最受尊敬企业数据库中的声誉数据为基础，通过建立比例风险回归模型研究了企业声誉和财务业绩之间的动态关系。研究结果表明，企业声誉对利润有非常强的影响，拥有良好声誉的企业在获得竞争优势和更高的产出方面所花的时间要少。另外，声誉对企业财务业绩的影响具有延续效应（The Delaying Effect），能够使企业保持良好财务业绩的时间显著延长。此外，企业声誉对企业绩效的市场价值维度也有显著的影响。Brammer 等（2004）运用 Management Today 对来自英国的企业董事和分析师所作的调查，检验了企业声誉和股票收益之间的关系。研究表明投资于声誉的得分明显上升的企业股票的投资者能够获得超常收益，而且，当运用恰当的比较基准时，声誉分数下降的企业不管是长期还是短期都不存在超常收益。国内学者对企业声誉的研究得出了与西方学者一致的结论。肖海莲和胡挺（2007）以 1261 家上市公司为研究对象，实证分析表明公司声誉对公司绩效产生了显著的正面效应。郑秀杰和杨淑娥（2009）采用事件研究法和回归分析法，利用中国上市公司数据对公司后续财务绩效与公司声誉的关系进行了实证检验。研究揭示出取得声誉公司的后续财务绩效显著高于未取得声誉的对照组公司，公司声誉越好，其后续财务绩效越高。

信任关系最终是由信用所决定的（Hardin，2004），组织声誉的树立最终也依赖于其讲信用，因此，组织的信用才是影响组织绩效的终极变量。Hodson（2004）就指出对所有组织而言组织的信用（organizational trustworthiness）是提高生产率并使工作有意义的先决条件。而上述关于信任对绩效、声誉对绩效的研究只是部分揭示了绩效差异的真相。随着研究的深入，学者们逐渐意识到这一点，开始考察组织信用对组织绩效的影响。通过对美国、日本和韩国 344 对供应商与汽车制造商交易关系的调查分析，Dyer 和 Chu（2003）发现汽车制造商的信用有助于减少交易成本，从而改善了盈利状况，提高了财务绩效。Frenkel 和 Orlitzky（2005）通过对澳大利亚劳资关系调查数据的分析，发现相较于制造业，在服务业中组织的信用更能激发员工对管理层的信任，而较高的信任有助于劳动生产率以更快的速度提升。

对私营组织的研究已证明了组织的信用及由其所衍生的信任、信誉对企业绩效的提升具有十分积极的作用。那么当主体变为公共组织的政府时，是否也可以期待政府信用会促进政府绩效的提升呢？以往的研究很少直接探讨这一问题，但从学者有关政府信用作用的论述中其实不难发现政府信用对提升政府绩效起着重要的作用。总的来说，政府信用不仅是政府得以存在的基础，也是发展经济、维护社会稳定的基本要素，同时也是推动政府改革、提升政府效率的直接动力（周伟贤，2010）。学者们在政府信用促进经济发展、社会稳定、政府职能实现及公务员个体绩效提高方面作出了大量的论述，从理论上阐明了政府信用可通过这些路径作用于政府绩效。但文献调研表明，采用定量分析方法研究政府信用与政府绩效两者关系的文献极少，几乎是学术空白。刘伟（2008）在这方面做出了初步的探索。他对北京、上海等 47 个城市进行了实证调查，并运用 LISREL 软件进行了结构方程分析，分析显示政府信用与政府绩效之间存在着密切的因果关系，政府信用水平提升，政府绩效水平也会随之提升。范柏乃和张鸣（2012）基于 116 个县级行政区域问卷调查的数据进行了结构方程模型分析，结果显示行政管理信用对行政管理绩效有很强的正向影响，对公共服务绩效也具有一定的提升作用，公共服务信用对公共服务绩效则具有较强的正向影响。

从文献回顾可见，以往信用与绩效关系的相关研究主要针对私营组织展开，学者们依据资源理论、声誉理论等阐释二者之间的关系，并且已有大量实证研究证明了这种关系的存在，即：信用及其所衍生的信任、信誉有助于私营组织绩效的提升。虽然企业管理领域的相关研究已比较成熟，但当这一研究主题扩散至公共管理领域时，现有研究基本还只处于理论探索阶段。尽管从学者们对政府信用作用的讨论中已可以比较明显地看出政府信用对政府绩效具有积极重要的意义，但以往的研究很少开展政府信用对政府绩效促进作用的系统检验，仅有的少量实证研究也还很不完善，对政府信用与政府绩效之间作用关系及其机理的揭示仍比较模糊。

四　对以往研究的总结评论

通过文献研究可以发现，学术界在政府信用、政府绩效方面进行了较充分的研究和探索，取得了显著的研究进展，但也留下了明显的遗憾。这为今后的研究打下了前进的基础，指明了努力的方向。下面本文将对以往研究取得的成就和存在的不足进行归纳总结，并在此基础上提出本研究的切入点与总体思路。

（一）以往研究的主要结论

通过文献梳理，以往研究的主要结论可以归纳为以下几点：

1. 广义信用（trustworthiness）的基本含义是遵守诺言，实践成约，体现了一种值得信任的品质。政府信用是一种特殊的公共信用，目前学术界对其界定可分为能动观、认知观、能动—认知综合观三种类型。通过对相关概念的辨析，本研究认为只有能动观准确地反映出了政府信用的内涵，政府信用可以定义为政府履行法定职责及对公众承诺的责任感和能力，表现为政府在自身能力限度内的实际"践约"状态。

2. 国内外学者对政府信任危机原因及政府信任影响因素的研究涉及对政府客体因素的分析，影响政府信任的政府客体因素既包括结果性因素（反映出政府的信用能力），也包括过程性因素（反映出政府的信用意愿）。同时，在仅以政府为分析对象的政府信用研究中，除去外部环境因素，学者对政府信用缺失成因及影响因素的研究基本上也是围绕信用能力和信用意愿两方面展开分析论证的。由此可见，政府守信与否取决于其是否具有相应的信用能力和信用意愿。这很好地印证了从能动观视角出发来界定的政府信用概念。

3. 绩效（performance）主要体现为组织的结果表现。相应地，政府绩效便主要体现为政府在管理社会公共事务的过程中所获得的行政效率、行政效益和行政效果。

4. 以往的研究主要从社会资本、公民文化、政府体制、管理能力与领导力、行政成本等角度解释检验政府绩效的差异。这些视角既包括了政府所面临的外部环境，如社会资本、公民文化，也包括了政府自身的结构要素，如政府体制、管理能力、行政成本。其中，管理能力的视角在某种程度上反映出了政府信用能力的重要性，行政成本的视角在某种程度上凸显出了政府信用意愿的重要性。这启示我们由信用能力和信用意愿所构成的政府信用或许对政府绩效高低有着重要的影响，有希望成为研究政府绩效差异的新视角。

（二）以往研究的不足

以往研究主要存在如下问题，这也是本研究关注的焦点和拟突破的重点问题：

1. 政府信用的结构维度与指标体系问题。政府信用作为整个社会信用体系的重要组成部分，还缺乏充分的理论研究支撑。学术界在个人信用和企业信用方面做了大量研究，但对政府信用还缺乏深入系统的研究，在政府信用的维度划分与指标体系构建方面更是处于起步阶段，严重滞后于实践的需要。尽管以往研究在这两方面做出了有益的尝试，但存在明显的不足。例如，在维度划分方面，李杨等（2007）把政府信用划分为政府公信度、经济发展水平和社会稳定程度三个方面就存在严重的错误。因为政府公信度只不过是政府信任更为官方化的表述方式，把对政府的信任作为政府信用的结构维度显然混淆了不同概念的界限。范柏乃和张鸣（2012）从政府的职能出发把政府信用划分为行政管理信用、公共服务信用、经济发展信用和社会发展信用似乎也缺乏坚实的理论依据，而且某些维度存在交叉重叠之嫌。在指标体系构建方面，周伟贤（2010）设计的政府信用评价指标体系过于烦琐，很难进行实际运用。因此，研究探索政府信用的结构维度，并在科学划分维度的基础上建立具有较高信度与效度的政府信用指标体系，是下一步研究需要重点解决的问题。

2. 政府绩效的结构维度与指标体系问题。比较而言，学术界对政府绩效问题的研究更为成熟，且取得了不少有价值的研究成果，但这些研究成果却未必直接适用于本研究。一是维度划分有待改进，比如桑助来（2009）领导开发的地方政府绩效评估指标体系包括了经济调节与国有资产管理等维度就未必合适，因为对于本研究拟考察的县级政府来说，其实并未拥有多大的经济调节权限，而且在某些民营经济发达地区，国有经济的比重已是相当低，政府的国有资产管理职能也已非常淡化；二是指标设置有待改进，现有的这些指标体系在总体上还是以总量、规模、速度为关注中心，缺乏对质量、效益、价值、公民满意度的重视，而且数量指标与硬性指标的比重过大。因此，研究探索县级政府绩效的结构维度，建立适合于本研究的县级政府绩效指标体系，将是本研究重点突破的关键问题。

　　3. 政府信用与政府绩效的关系问题。通过文献回顾可知，学术界对政府信用研究的一大局限性就是缺乏相关的实证研究，而关于政府信用与政府绩效相互关系的实证研究更是十分罕有，仅有的少量实证研究其结果还不稳健，深度也有待加强。政府的信用水平与绩效水平有关联吗？政府信用对政府绩效的影响作用显著吗？若影响作用显著，具体体现在政府信用的哪些维度对政府绩效的哪些方面？是通过哪些路径影响的？有哪些中介变量或调节变量？这些问题都需要进一步研究。

（三）本研究的切入点

　　针对以往研究的不足，参考借鉴国内外相关研究成果，本研究将尝试突破传统的分析路径，在清晰界定政府信用、政府绩效内涵和结构要素的基础上，依托资源基础理论、积极组织学说等理论构建细化的政府信用与政府绩效关联机理的概念模型。依据社会调查的理论与方法，设计出具有较高信度和效度的政府信用、政府绩效测评量表，通过问卷调查和统计资料查阅采集得到相关测度指标的原始数据。其次，本研究的实证分析部分将聚焦于揭示政府信用与政府绩效的内在关联机理，将运用典型相关分析（canonical correlation analysis）方法，揭示两者间的相互依存关系；运用结构方程模型（structural equation modeling）方法，揭示两者间的关联机理（包括关联方向、关联路径及关联强度等）；运用系统动力学（system dynamics）方法，模拟分析并预测政府信用的变动对于政府绩效的影响趋势。最后，研究将依据分析结果提出相关政策建议。通过上述分析，研究期望深化学术界对政府信用与政府绩效关联机理的认识，并推动地方政府信用和绩效建设。接下来，本人将在下一章建立研究的理论分析框架，并在此基础上提出具体的研究假设。

第三章　分析框架与研究假设

一　一个基于组织信用(organizational trustworthiness)的组织绩效分析框架

随着对信任的研究成为显学，来自不同学科领域的众多学者对这一问题进行了广泛深入的研究，其中一个重要的方面就是考察信任是否会对组织绩效产生影响。如上一章所述，早期的学者已从理论上阐明了信任有助于企业提升绩效的种种路径。社会学家 Fukuyama（1995）在其名著《信任——社会美德与经济繁荣》中进一步推论出社会成员之间存在的高度信任有助于提高所有社会组织的绩效。在美国、日本、德国等高信任度社会中，信任范围超出了亲缘关系，推动了社会的进步和组织规模的扩大；而在中国、法国、意大利、韩国等低信任度社会中，人们的信任很难突破血缘关系，导致私营组织规模普遍较小且无法获得持久优异的绩效。基于这些理论分析开展的实证研究检验了不同类型的信任对组织绩效的影响，虽然具体结果有所差异，但总体结论一致性地表明信任可以促进组织绩效的提升，是组织成功的秘诀。

不过，这（即信任→绩效因果链条）还不是组织成功秘诀的全部。因为如果按照这些研究的建议的话，组织的领导者就必须想方设法提高组织内部及组织外部对本组织信任水平，这很自然地就牵扯到了另一个问题，即如何才能提升信任水平呢？通常情况下，建立、维护并强化信任关系的最佳手段就是用实际行动捍卫诚实守信（Hardin，2004）。由此可见，信任并不是也不会凭空产生，而是要通过守信行为的表达逐渐建立起来的。信用即是使某人信任他人、组织或制度的前置性因素（Caldwell and Clapham，2003）。依据这种思路，著名的信任问题研究专家 Hardin（2004）就指出信任关系最终是要由信用来决定的。近年来学术界逐渐意识到了这一点，于是有越来越多的学者开始转而关注组织信用问题，从理论上分析组织信用的作用并对其进行相应的实证检验。组织层面的信用概念与个人层面的信用概念是紧密相连的。个人层面的信用包含了对另一方的一系列道德义务，类似地，组织层面的信用亦包含了一系列与此有关联但也有所不同的道德义务（Caldwell and Clapham，2003）。总的来看，组织信用所发挥的作用与信任在社区中扮演的角色类似（Adler and Kwon，2002；Paxton，1999）。就组织内部而言，组织信用是提高生产率并使工作富有意义的先决条件。因为，组织的成功需要组织成员间精诚合作，合作的形成与维持又离不开信任，而只有当一方从声誉机制或试错机制中认识到另一方是讲信用时信任才会产生。可见，组织的信用有助于形成合作型的工作关系与有益的工作实践（Frenkel et al.，1999；Leana and Van Buren，1999）。同时，高水平的组织信用还是激发组织成员的组织承诺、工作自豪感及额外工作投入的源泉（Leana and Van Buren，1999）。就组织外部而言，组织信用可以增强组织之外的利益相关者对本组织的信任，从而有助于降低本组织与其他组织交易时的费用（Dyer and Chu，2003）。除此之外，组织信用是组织声誉形成和积累的源泉，良好的声誉对组织绩效有积极的影响。在此基础上的实证研究证明了组织信用对组织绩效影响路径的存在。在相关研究中，组织信用或是通过信任间接促进组织绩效的提升，或是对组织绩效直接产生积极的影响。

综上所述，以往有关信任影响组织绩效的研究只不过揭示出了"信用→信任→绩效"这一完整因果链条的一部分，组织的信用才是这一因果链条中影响组织绩效的终极变量，而信任只是其中的中介变量。部分学者在信任影响组织绩效研究的基础上把研究向因果链条的"上游"延伸，取得了良好的效果。基于这些研究成果，可以大致为本研究建立一个基于组织信用的组织绩效分析框架（见图 3.1）。在这个分析框架中，组织之间的竞争是组织信用发挥作用的前提条件，在竞争过程中，组织信用本身及其所引发的组织内信任与组织外信任共同铸造了组织的竞争优势，组织绩效则是这种竞争优势自然的体现。从理论上说，只要前提条件得到满足，这一分析框架将适用于各种类型的组织。不过，现有的"信用→信任→绩效"方面的实证研究几乎都是针对私营组织进行的，针对公共组织的研究则十分匮乏。从下一节开始，研究者将把这一分析框架运用于对公共组织绩效的分析，论证政府信用对于政府绩效的作用机理。

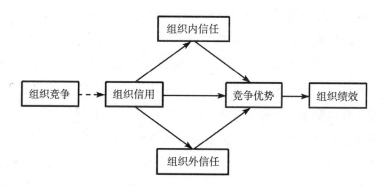

图 3.1　基于组织信用的组织绩效分析框架

二　政府信用发挥作用的前提条件：政府竞争

根据上文提出的分析框架，竞争是组织信用发挥作用从而充分实现其作为资源的价值的前提。在优胜劣汰的市场经济条件下，企业之间存在着激烈的竞争，组织竞争这个前提条件自然得以满足，也无须过多的论证。然而，作为公共组织的政府之间是否也存在着竞争呢？研究表明，只要存在多级政府下的分权，次级政府之间就一定会存在竞争，这种竞争本质上与政体无关（黄纯纯、周业安，2011）。中国的政府体系事实上是竞争性的，符合英国学者布雷顿提出的"竞争型政府"概念（冯兴元，2010）。虽然这种竞争关系与企业之间的竞争存在明显差异，但同样为信用发挥作用创造了基本条件。

（一）中国地方政府竞争的兴起

计划经济时代我国的行政体制是一种高度中央集权的体制。中央政府成为行政权力的金字塔顶峰，拥有全国范围内编制计划、安排生产、调配资源、人事任免等权力；而地方政府必须无条件服从中央政府制订的国民经济发展计划，本地区重大经济与社会问题的处理也必须上报中央政府决定，在这种体制下地方政府仅仅是执行中央政府命令的延伸机构或分支机构（汪伟全，2008）。与此相适应，财政管理方面实行的也是"统收统支"体制。地方政府的绝大部分财政收入都必须上缴中央，财政支出也基本由中央财政拨付。这就造成地方政府几乎没有独立追求自我利益的权利与动机。因此，在这种条件下并不存在作为一个具有独立行事能力的组织的地方政府与其他地方政府展开的整体性竞争。尽管在这个时期的某些阶段，各地政府也存在着相当激烈的竞争，如"大跃进"期间各地争先恐后地大炼钢铁、粮食产量"放卫星"等，但这种竞赛是在中央政府的严格设计和控制下展开的（周飞舟，2009），还不是真正的地方政府竞争，充其量只是一种"兄弟竞争"（周业安，2003）。

20世纪80年代之后，中央政府实行行政分权和财政分权，将地方事务授权地方政府处理，形成了所谓"属地管理"和"行政逐级发包"的行政体制（张军、周黎安，2008）。这种放权让利的改革使地方政府的权、责、利得到了确认，"产权"明晰之后的地方政府逐渐发展成了拥有独立自我利益的行政与经济实体。一方面，主要随着"分灶吃饭"财政体制的推行，地方政府拥有了自己独立的经济利益，并且这种利益与本地区经济增长的相关度大大提高；另一方面，中央政府逐步下放了计划、投资、信贷、价格、外贸、外汇等方面的权限，使地方政府获得了前所未有的发展区域经济和谋取地区利益的权利和能力。与此同时，左右地方官员的人事体制仍是自上而下的任命制与考核制，而在以"经济发展为中心"的导向下，中央政府考核地方政府官员最重要的方面便是 GDP、财政收入等经济指标。此外，改革开放后老百姓及各种市场主体长期受到压抑的求富冲动得以充分释放，也对当地政府形成了强大的压力。因此，地方政府必须要通过竞争谋求自身利益的最大化（包括财政收入的增长、中央政府的认可及辖区居民的支持等）。

在这些因素的作用下，20 世纪 80 年代以来地方政府之间逐渐展开了各种形式的竞争。80 年代市场化改革才刚刚起步，各种生产要素不仅十分缺乏，而且其流动也受到众多审批性法规的严格限制，因而在这种短缺经济的大背景下，当时地方政府主要通过直接兴办、经营企业及地方保护主义等方式开展竞争，在力争使本地率先"自肥"的同时保证"肥水不流外人田"。典型的做法就是扶持地方国有企业发展，而在一些原本国有经济比重不大的地区则大办乡镇企业，各地政府都极力地想把本地企业做大做强。当蜂拥而上的扩大生产行为导致能源、原材料供应严重不足时，地方政府为了帮助本地企业发展而竞相争夺各种资源，造成"棉花大战"、"羊毛大战"、"牲猪大战"、"烟叶大战"、"蚕茧大战"等硝烟弥漫；另外，为了摆脱市场疲软、拉动本地市场需求，地方政府采取了一系列保护地方产品的行政行为与措施，构筑贸易壁垒，实行市场封锁，阻碍要素自由流动。

20 世纪 90 年代以后，改革开放政策逐步推行到全国各地区，短缺经济已向过剩经济转变，地方政府面临的外部环境开始转向市场环境。在这种形势下，地方政府直接经办企业的弊端日益凸显。为了重新获得竞争优势，地方政府一方面大力推动公有企业民营化，以期通过"企业转制"重新激发企业的活力；另一方面则逐渐把战略重心转向经营其所辖区域（曹正汉、史晋川，2009）。为了把辖区经营好，就必须招徕商人吸引投资，而为了在"招商引资"方面作出成效，除了要改善投资环境外，很重要的一点就是要有优厚条件吸引客商落户。因此，这个时期地方政府竞争的核心转移到了政策竞争上来。地方政府不仅在自身权限范围内出台各项优惠政策，还积极向中央政府要政策要条件，各种开发区、特区如雨后春笋般纷纷建立就是政策竞争的直接体现。

（二）中国地方政府竞争的现状与发展趋势

中国的地方政府竞争是受中央政府管制的竞争。中央政府在其中并不是沉默的行为者，而会根据自身意图来调控地方政府的行为（白苏珊，2009）。21世纪初以来，中央政府意识到粗放型经济增长方式带来了一系列严重的问题，于是提出了科学发展观、构建和谐社会及加快经济发展方式转变等新的执政理念，在对地方官员的政绩考核中也更加注重社会绩效。同时，改革开放以来社会公众的民主意识、权利意识、环保意识也不断增强，对政府的期望和要求随之水涨船高，地方政府已很难仅仅依靠单纯的经济发展来赢得辖区民众的支持。在新的形势下，地方政府之间的竞争开始出现了本质的变化，表现出了许多新的特征。

首先，制度竞争日益受到重视。以往各个地区争相采取政策竞争导致各地区政策趋向雷同，对要素吸引力大大减弱，而且很多能带来高附加值的要素（如拥有先进技术的企业、高层次人才等）并不以优惠政策作为最重要的决策依据，而是更加看重当地的软性制度环境。加之在政策"竞赛到底"的过程中地方政府所获得的收益不断减少，优惠政策的作用空间也逐渐缩小。因此，一些具有前瞻性的地方政府意识到，竞争的重点不再是物质资源或优惠政策，而是各项适合市场经济生长的制度。于是，从20世纪末至今，各地政府尤其是东部发达地区的政府纷纷致力于优化本地制度环境，探索制度创新。上海的"商务成本'盆地'、政府服务'高地'、外商投资'福地'"，建设南京的"权力阳光运行机制"建设深圳的"全程保姆式服务"等都是制度竞争的典型体现，反映出各地政府为吸引投资、获得辖区内居民拥戴而在政府制度上展开的竞争。在 2012 年 5 月举行的首届中国转型发展论坛上，时任浙江省委副书记的李强就强调："加快推进经济转型升级，必须营造更加优良的发展环境。要着力营造良好的政策环境，用好用足相关的国家政策，研究出台务实管用的地方政策，为推进转型升级打造战略平台和战略引擎，提供政策支持和政策机遇。"[①] 这一讲话道出了东部发达地区政府官员的心声，更反映出当前地方政府对制度竞争的高度重视。

其次，二元竞争模式逐渐形成。20 世纪 90 年代，地方政府竞争主要围绕以 GDP 增长为目标的经济锦标赛而展开，尚处于一元竞争的时期。随着中央政府执政理念的转变、调控能力的增强及公众要求的提高，地方政府意识到并不是只有在经济增长方面取得突出的成绩才能有效实现自身利益，通过提升本地区社会绩效一样可以在竞争中脱颖而出。于是，一元竞争模式就演变为在经济发展和社会公平的双重目标下，地方政府分别参与不同目标竞争的二元竞争模式（唐睿、刘红芹，2012）。某些经济增速较快地区的地方政府依然更侧重于 GDP 竞赛，而那些经济发展较慢地区的地方政府则选择通过更注重维护社会公平来获得政绩"表现"。这样一来，地方政府之间形成了差异化竞争的格局。

最后，传统竞争手段逐渐淡化。地方保护主义曾经是地方政府竞争的主要手段。随着市场化进程的加快，全国统一大市场日益成型，要素的流动障碍越来越少，地方政府通过行政手段强行堵住要素外流的做法已经不那么灵验。要素的自由流动，直接导致地方政府不得不改变以往的保护主义策略，转而倚重制度竞争、公共服务竞争等其他竞争策略。

---

① 引自《浙江日报》（第一版）2012 年 5 月 13 日。

21 世纪以来，地方政府竞争逐渐从无序竞争转向有序竞争，从低层次竞争转向高层次竞争。随着经济增长方式的转变和行政管理体制改革的深入，地方政府竞争的形态也会随之"转型升级"，具体可能会体现为以下几个方面：

第一，制度竞争将会成为主流竞争方式。一方面，推进产业结构升级、加快经济发展方式转变的迫切要求使技术和人才的竞争显得至关重要。而为了吸引技术和人才等高端要素的流入，地方政府只能通过技术平台的提供、服务水平的提高及制度体制的构建完善等策略来吸引要素流入并扎根；另一方面，当前我国社会阶层不断分化，社会阶层之间的利益博弈与冲突也逐渐加剧，整个社会正处在社会问题集聚、社会矛盾凸显、社会风险扩大的时期，为了解决好辖区内各种矛盾纠纷，进而树立政府的威信，地方政府必须创新社会管理的体制机制。因为，传统的以政府为单一主体、以行政管控为主要手段的社会管理方式显然已无法适应时代的变迁。

第二，社会绩效竞争愈发重要。经济的发展和社会财富总量的增加并不能自然实现社会和谐。如果只顾经济发展而忽视社会发展，不但会加剧各种社会矛盾，而且，经济的发展也会难以为继，最终将危及政权的存续。因此，近年来中央政府反复强调要加强和创新社会管理，并在去年首次明确提出"稳定是第一责任"。相应地，中央开始把更多社会指标纳入对地方的考核指标体系。同时，公众也越来越重视当地社会福利、环境治理、生态保护、社会治安等公共物品的质量。而且在"科学发展观"提出之后，特别是"十七大"以来，"辖区民意"在政府官员的晋升中起着越来越重要的作用（刘剑雄，2008）。这两大因素促使地方政府开始逐渐注重社会绩效的竞争。

第三，经济绩效竞争仍会延续。目前中国的总体经济发展水平仍处于较低阶段，而且庞大的人口基数导致了巨大的就业压力。无论出于创造就业岗位、积累社会财富、增加财政收入还是凸显任期政绩的考虑，地方政府都不可能完全放弃 GDP 竞赛。发展仍然是政府的第一要务，因而围绕经济绩效的竞争还会是地方政府竞争的主战场之一，尽管竞争的形式和策略可能会有所变化。

三　政府竞争中的重要战略资源：政府信用

从上述分析可知，从竞争手段上看，制度竞争正在成为地方政府竞争的主要方式；从竞争内容上看，传统的一元经济竞争模式正在演变为经济绩效和社会绩效并重的二元竞争模式，而且今后经济绩效和社会绩效的竞争结果也将越来越多地取决于地方政府在制度竞争方面的表现。这是因为制度是决定长期经济绩效的根本因素（North，1990），政府有效的制度安排对优质资源的吸引力正在不断加大，而且社会绩效的取得从根本上看也必须靠建立健全社会管理的制度、体制和机制。由此可见，制度竞争才是地方政府竞争的本质特征。地方政府竞争就是以资源竞争为载体的制度竞争或体制竞争（冯兴元，2001）。在目前中国高度集中的政治体制下，地方政府在制定法律等正式规则上的权限十分有限。更重要的是，地方政府也缺乏足够的动力去改变正式规则，因为正式规则的变革如政治改革需要更加宏观的国家政治结构改革，而且这种变革需要承受巨大的风险。因此，地方政府的制度竞争多体现为非正式规则而不是正式的制度安排，地方政府往往采用影响实际制度环境的措施来进行竞争，比如对地方自由裁量权的不同发挥、制度试验、差异化制度实施程度等（周业安，2010）。在非正式规则层面的竞争当中，政府信用便是一种重要的竞争策略，因为政府信用直接体现为政府在自身能力限度内的实际"践约"状态，而这里的"约"主要就是指政府职能、政策法规及政府承诺等。可见，地方政府的信用水平会对一个地区的实际制度环境产生重大影响。政府公信力是区域软实力的重要体现，有利于协调区域社会经济系统的运作，塑造良好的区域形象，提高区域竞争力（马庆国、楼阳生，2007）。综上所述，政府信用是地方政府在竞争当中能否取得优势的关键所在，也是制度竞争的重要载体。

可持续竞争优势有赖于独特的资源和能力，信用（trustworthiness）作为一种资源是组织竞争优势的重要来源。它的作用是如此重要以至于战略管理领域的顶级期刊"*Strategic Management Journal*"曾专门出版过一期名为"Trustworthiness as a Source of Competitive Advantage"的增刊探讨信用的作用，参与讨论的各位学者毫无例外都认为信用对组织的成功至关重要。根据上文的分析，政府信用无疑是地方政府在竞争中获取优势地位的关键，因而是地方政府在竞争中可挖掘利用的重要资源。不仅如此，政府信用很可能还是一种极富价值的战略资源。战略资源不同于一般的普通资源。依据 Barney 和 Griffin（1992）提出的，并由 Barney（2001）后来完善的 VRIO 框架，一种资源只有具备价值性（valuable）、稀缺性（rareness）、不可完全模仿性（imperfect imitability）及组织性（organization）时才成其为战略资源。政府信用作为一种特殊且重要的资源同样具备这四个特征。

第一，政府信用对政府而言具有重要的价值。这一点从有关学者对政府信用作用的论述中就可以找到大量的证据。首先，政府信用可以促进经济发展。市场经济是一种法制型经济，是一种依靠秩序、规则、信用维系其存在与运行的经济（王和平，2003）。作为社会信用体系核心的政府信用自然也是市场经济道德支柱的重要基石。从历史经验来看，政府信用对于经济发展具有非常显著的效应：高度的政府信用会稳定人们的心理预期，稳定经济发展秩序，降低交易成本，促进市场化进程；反之则是（章延杰，2007）。同时，政府信用在一定程度上代表了一个国家或地区的综合信用能力，是一国或地区在世界的口碑和信誉，从而在很大程度上会左右一个国家、一个地区的对要素的吸引力（吴晶妹，2009）。优良的政府信用是一个地区招商引资的"金字招牌"，对于优秀企业和各类人才具有强大的吸引力。理论研究也表明，公共政策不能朝令夕改，只有稳定的公共政策才能降低社会交易成本、促进经济持续增长、提高国民福利（科斯等，1991）。其次，政府信用可以促进社会稳定。美国社会学家彼得·布劳（1988）指出："一般说来，一个合法政府的政治权威由它的支持者们所给予的对权力'信用'的某种批准而构成。这意味着，该政府具有使用权力的委任状，它是在社区中暂时随它的意思而批准的，不需要解释每一项单项决定。运用它的权力委任状或信用卡对它的支持者们的福利作贡献的政府，倾向于加强他们对它的合法化赞同，而滥用他的权力批准书的统治者有可能失去使它的统治合法化的政治支持，因此也有可能失去他的政治统治，除非它诉诸维持它的强制。"可见，政府信用涉及政府"合法性"这个重要问题（郑婷、赵淑丽，2004）。甚至可以说，政府信用度决定了政治合法性程度，政府信用是政府政治统治的重要生命线（章延杰，2007）。政府信用直接关系到官民之间的和谐问题，而中国社会能否和谐归根结底还是取决于官民之间的和谐度（包兴荣、牛存勇，2006）。同时，只有政府诚实守信，才能营造一个公平、公正的社会环境，理顺各种社会关系，化解各种社会矛盾（姜仁良，2007）。最后，政府信用关系到政府职能能否顺利实现。政府职能的顺利实现，不仅需要从人、财、物等"有形"方面提供保障，还需要从制度、规则、信用等"无形"方面提供精神支持与动力。如果政府信用缺失，政府职能的实现就必然遇到阻碍。如，政府信用水平低，其政策法规就无法得以充分贯彻落实，就必然出现"有令不行"、"有禁不止"的现象，就会失信于民，政府行为就得不到社会公众的信任、支持与配合，甚至还会引发政府与公众的对抗，危及政府自身的生存与发展（王和平，2003）。综上所述，不难发现政府信用对于地方政府经济绩效、社会绩效的取得具有举足轻重的作用。

第二，政府信用是一种稀缺性资源。政府信用的稀缺有着内在的根深蒂固的原因，最主要是由于委托—代理关系条件下代理人存在的各种风险造成的，对这种稀缺性无法完全克服（章延杰，2007）。Olson（1993，2000）对政府这个代理人的行为作出了形象化的描述。在一个无政府的社会中，实力强的就会形成土匪，到处抢劫，掠夺无度。而当流寇定居在某个地区成为坐寇时，也即慢慢演变为"政府"时，他们就会考虑自己的长远收益。这种利益机制不仅会让坐寇收敛自己的掠夺行为，而且还会驱使他们伸出"援助之手"，比如维持社会秩序安定，兴修基础设施并提供其他公共物品等。Olson 的"强盗逻辑"不但对历史上群雄争霸、成王败寇时代的政府提供了十分精确的描述，对现代政府的行为也具有深刻的洞察力（陈抗等，2002）。政府只有具有长远的眼光且自身利益与经济繁荣关系密切时才会廉洁自律、信守承诺；反之就会恣意妄为、背信弃义。令人遗憾的是，无论是历史上还是当代，由于受到各种条件的限制，只有小部分国家的政府能够成功地约束自身行为，做到信守承诺。对中国地方政府而言，同样也是如此。楼国强（2010）的研究就发现资本禀赋充裕的地区通过供给公共服务产生的财政收益比通过在职消费获得的个人利益强度更大，此时外部竞争才会激励政府把更多资源投入公共服务（也即选择守信的策略），而对于资本禀赋匮乏的地区，外部竞争反而可能弱化政府内部的自我约束（也即选择失信的策略）。在具体的政府管理实践中，往往只有东部地区的某些地方政府注重提高行政效率，提升服务质量，而中西部地区的很多地方政府仅仅追求本位利益，层出不穷地乱收费、日益臃肿的机构编制就是明证。此外，各种问卷调查所反映出来的普遍性的地方政府信任危机也从另一个侧面表明了政府信用资源的稀缺性。由此可见，只有为数不多的地方政府认识到了政府信用的重要性，并正采取有效措施培育积累信用资源，因此，政府信用是一种稀缺性资源。

第三，政府信用是一种不可完全模仿的资源。有价值、稀缺的资源有可能成为竞争优势的来源，但仅当其他组织无法获得（或模仿）时，才会进一步成为可持续竞争优势的来源（Barney，1991）。独特的历史、因果模糊性和社会复杂性是决定组织资源难以被模仿的 3 个关键因素（Barney，1991）。首先，政府信用这种资源是在一个国家或地区特定的历史文化传统中孕育积累起来的。从国家层面来看，美国的宪政民主体制确保了政府不敢恣意妄为、背信弃义，在这其中宪法起着重要的作用，而美国宪法的形成则与当时北美殖民地的宗教习俗、公民传统、政治思潮及政治精英等密不可分。这种环境是独特且难以还原的，所以即使其他国家照搬照抄美国宪法也没取得理想的效果。中国是一个历史悠久，幅员广袤的国家，各地的历史文化传统不尽相同。以浙江为例，自古以来浙江就具有浓厚的人文环境和商业传统，地方政府也乐于倾听民众意愿，尊重民间惯例（陆立军、王祖强，2007）。即使在计划经济时期，浙江的地方政府对中央的某些极端政策也没有全盘执行。改革开放之后，浙江的各级政府更加注重转变观念，改进工作方法，规范自身行为，营造公正、透明和法制化的区域发展环境，为经济发展提供充分优质的公共产品和务实高效的行政服务，从而积累了较为丰富的政府信用资源。这种信用资源是经过长期培育和积淀而形成的，而且体制变迁具有明显的路径依赖特征，这就使得其他地区难以模仿浙江政府的种种做法。其次，地方政府竞争优势的取得受到多种因素的综合作用，包括区域范围、区域位置、区域资源、政府体制、管理能力及公务员素质等，而政府信用只是其中的一个方面，尽管这个方面十分重要。在这种复杂的因果关系链中，处于竞争劣势的地方政府很难确定应该通过获取哪些资源来快速取得竞争优势。于是，这种因果模糊性由于能阻止竞争性模仿并降低模仿成功的概率而有助于竞争优势的维持。再次，由于政府信用资源是在特定的历史文化传统中孕育积累起来的，并且这种资源的形成与政府的内部结构、权力配置、行事惯例、公务员素质等复杂的社会现象密切相关，所以政府信用资源具有社会复杂的特性，竞争对手很难"复制"。此外，政府信用这种资源也是无法交易的，一个地区的政府是不可能从其他政府的手中买到政府信用的。因为类似于信任、忠诚、说真话等具有外部性的"物品"，它们在市场上的交易从技术上来说不可行的，并且这种交易是没有意义的（Arrow，1974）。

最后，某些地方政府正在有意识有组织地培育利用政府信用资源。拥有具有价值性、稀缺性及不可完全模仿性的资源仅仅表明一个组织有潜力去建构竞争优势，而要使资源完全发挥作用，就必须有组织地对其进行开发利用。就像前面已指出的，目前我国东部地区的某些地方政府已经意识到了政府信用资源的重要性，并已采取切实有效的措施培育政府信用资源。例如，杭州市上城区政府在全国率先提出"行政管理与公共服务标准化建设"，借鉴企业标准化管理思路，全面系统推进区一级政府行政职能标准化管理，从而进一步优化了工作程序，完善了运行机制，规范了行政行为，并有效提升了服务质量。这种培育活动的一个典型体现就是地方政府创新的活跃程度。前八届"中国地方政府创新奖"176个入围项目中，将近2/3的项目恰恰位于东部地区（见表3.1），而上文提到的具有独特历史与发展轨迹的浙江更是以25个入围项目独占鳌头，遥遥领先其他地区。

表 3.1　　　　"中国地方政府创新奖"获奖项目区域分布

地区	第一届 (2001 ~ 2002)	第二届 (2003 ~ 2004)	第三届 (2005 ~ 2006)	第四届 (2007 ~ 2008)	第五届 (2009 ~ 2010)	第六届 (2011 ~ 2012)	第七届 (2013 ~ 2014)	第八届 (2015 ~ 2016)	合计	合计比例（%）
东部地区	10	11	16	12	19	15	10	12	105	59.7
中部地区	4	3	3	3	1	2	3	5	24	13.6
西部地区	6	4	6	5	10	5	7	4	47	26.7

综上所述，政府信用这种资源符合 VRIO 框架提出的各种特性，因而是一种有助于地方政府获得可持续竞争优势的重要战略资源。事实上，这一点从中国历史中也可以得到证明。春秋战国时代，中国辽阔的大地上出现了许多诸侯国，这些诸侯国在某种意义

上类似于今天的地方政府，而且各国之间的存亡竞争不断趋于白热化。这时，统治者的"信"与"无信"就显现出截然不同的后果。时人在总结治国之道时，"信"的问题就被反复提及。晋文公说："信，国之宝也，民之所庇也。"荀子从正反两方面阐述了同样的见解："古者禹汤本义务信而天下治，桀纣弃义背信而天下乱。""齐桓、晋文、楚庄、吴阖闾、越勾践，是皆僻陋之国也，威动天下，强殆中国，无它故焉，略信也。"由此可见，信用对于政府夺取竞争优势是多么的重要！

四 研究假设与概念模型

本节首先将在第二章对政府信用、政府绩效内涵分析探讨的基础上明确划分政府信用、政府绩效的维度，并阐明每个维度的具体含义。其次从组织信用的分析视角出发，依托国内外相关研究文献提出研究假设，并最终构建可供实证检验的概念模型。

（一）政府信用的维度划分

根据第二章对信用与政府信用内涵的分析界定，从最基本的意义上来说，政府信用至少可以被划分为政府信用能力与政府信用意愿两个维度。当然，这还只是相当粗略的划分。随着对广义信用（trustworthiness）问题研究的深入，一些学者通过进一步的理论分析提出了信用的维度划分，而在这其中最著名也是影响最大的当属Mayer 等人（1995）提出的划分方法。他们发表于 *Academy of Management Review* 的经典文章在回顾总结前人研究的基础上指出信用主要包括能力（ability）、善心（benevolence）及诚信（integrity）三个维度。其中，能力维度指被信任方在特定领域具有相应的技能、技巧及特质去完成受托之事；善心维度指被信任方愿意抛开以自我为中心的利益动机而为委托人服务；诚信维度指被信任方愿意遵守一系列通行的道德伦理准则，包括前后一致、言行一致、作风

正派、办事公道等（Mayer et al., 1995）。这种划分方法本质上与
信用能力、信用意愿的二维划分是一脉相承的，只不过把信用意愿
再细分为善心和诚信两个维度，更好地表征出了信用意愿的内在结
构。所以，Mayer 等人这种简洁明确又全面完整的划分方法一经提
出便引起了巨大的反响，并迅速得到的学术界的认可，其后对个人
信用问题的研究基本都是基于这种维度划分进行的。Google Scholar
检索表明到 2013 年 1 月 1 日这篇文章已被引用了 7271 次。不过，
也许有人会提出质疑：Mayer 等人当初的划分是主要着眼于个人层
面的信用，这种划分在组织层面依然适用吗？针对这一问题及其他
质疑，发表 1995 年那篇经典文章的 3 位作者于 2007 年再次在
Academy of Management Review 上联合撰文澄清相关问题。他们明确
指出对于信用的三维划分模型同样适用于团体层面或组织层面的分
析，因为他们对于这三个维度的定义也考虑到了团体层面和组织层
面的情况，尽管三个维度的相对重要性在组织层面可能会发生变化
（Schoormanetal, 2007）。事实上，当信用概念从个体层面向组织层
面扩散时，我们是将组织视为一个行为者，考虑组织相对于各类利
益相关者所应遵循的准则和行为表现，这很自然地就涉及组织的信
用问题。因此，本研究将采用 Mayer 等人提出的划分方法划分政府
信用的维度，每个维度的具体含义如下：

政府信用能力（government ability，GA）：指政府履约践诺的
能力。"约"和"诺"主要指政府职能、政策法规及政府对公众的
承诺。

政府善心（government benevolence，GB）：指政府是否有履约
践诺的真诚意愿，是否真心实意地为人民利益而服务。

政府诚信（government integrity，GI）：指政府忠实于自己的目
的与责任，遵纪守法、廉洁奉公，对公众诚实无欺。

（二）政府绩效的维度划分

相较于对信用的维度划分，学术界对绩效及政府绩效的维度划

分尚未形成统一的认识。从第二章可见，研究者从不同的研究需要出发设置了不同的绩效维度。这些维度划分大多要么从横向的政府管理领域出发把政府绩效分为经济、政治、社会、文化等类似的多个维度，要么按照政府管理的流程把政府绩效分为投入、管理过程、产出及结果等维度。此外，还有部分国内学者直接引入企业领域的绩效管理工具对政府绩效进行维度划分，其中以平衡计分卡最为常见。这些研究对政府绩效维度划分的探讨与尝试取得了不少有价值的成果，但也存在维度划分过于繁杂，维度划分随意性强，维度边界比较模糊等问题，因而对于本研究来说未必合适。Borman和 Motowidlo（1993）跳出了以往研究的窠臼，从绩效的行为角度出发，提出了二维绩效模型：任务绩效和周边绩效。其中，任务绩效是指个人或组织在特定时期内通过直接的工作活动对按照组织目标所确定的任务所做的贡献；周边绩效则是组织或个人不直接通过工作活动而是通过构成组织的社会及心理背景的行为促进其作业绩效，从而提高了整个组织的有效性或者在取得任务绩效的同时产生了正外部性，出现了"利己利人"的双赢甚至多赢局面。这一概念的提出，引起了学界的广泛关注，相关实证研究也已证明了周边绩效的独立存在（Conway，1996）。学者尚虎平和李逸舒（2011）在对绩效及政府绩效概念进行了系统梳理并进行德尔菲法分析之后同样指出：与绩效概念类似，无论哪种类型的政府绩效，都存在着任务绩效和周边绩效两个方面。笔者认为，这种对政府绩效的二维划分内涵明确、边界清晰且操作简便。因此，本研究将采用这种方法把政府绩效划分为政府任务绩效与政府周边绩效两个维度，每个维度的具体含义如下：

政府任务绩效（government task performance，GTP）：指政府履行其工作任务（主要为政府职能）的过程中取得的效益和效果。

政府周边绩效（government contextual performance，GCP）：指政府公务员在其职责范围以外自愿从事的有利于政府组织或社会公众的活动，它与公务员特定的工作职责无关（陈胜军等，2012）。

（三）假设与概念模型的提出

在明确了政府信用、政府绩效的组成维度之后，下面本文将提出相应的研究假设。

1. 政府信用对政府绩效的直接作用

资源基础理论（The Resource – Based View）是战略管理领域解释企业之间绩效差异的一种理论。由于其作为一种阐述企业竞争优势来源的理论在解释企业内部条件（资源与能力）方面极富洞察力（Yeoh and Roth, 1999），因而自 20 世纪 90 年代以来迅速成为战略管理的主流理论之一。具体而言，在战略管理领域资源逻辑用于分析理解公司与行业的影响、特定的资源和能力对绩效的影响，以及企业和公司战略、国际战略和战略联盟。资源基础理论的基本原理是一个公司竞争优势的基础主要来自于该公司对其所支配的有价值资源的运用（Rumelt, 1984；Wernerfelt, 1984）。企业所投入的资源有助于其正常开展业务营运并顺利完成各项活动（Amit and Schoemaker, 1993；Black and Boal, 1994；Grant, 2002）。所以，不同企业所表现出的绩效差异其实是资产异质性的结果（Helfat and Peteraf, 2003）。为了获取持久的竞争优势，企业必须努力掌握并充分运用有价值的、稀缺的、难以模仿且不可替代的资源，而这种资源既可以是有形的，也可以是无形的。资源基础理论兴起以来，多种不同的方法已被用于检验企业所拥有的资源对其绩效的影响，包括大型抽样调查、小样本调查、案例研究和仿真模拟。总体而言，实证结果符合资源基础理论的预期（Barney and Arikan, 2002）。作为公共部门组织的政府，虽然与企业等私营组织相比存在较大差别，但首先是一种组织，因此，与一般组织取得竞争优势的条件类似，如果某个政府组织在竞争性环境下可以拥有并利用某种稀缺宝贵的资源，其竞争力将会强于缺乏这种资源的政府，相应地，便可在竞争过程中取得优势并实现较高的政府绩效。本章前面几节已经论证了中国地方政府之间存在着激烈的竞争，而且政府信用是政府竞争当中一种重要的战略资源，根据资源基础理论的基本观点便可提出如下假设：

H$_1$：政府信用对政府绩效具有显著的正向影响。

政府信用从总体上对政府绩效具有显著的正向影响并不必然表明每个维度的政府信用对每个维度的政府绩效都会产生积极的作用。下面将具体论述政府信用的各个维度对政府绩效各个维度的影响机理，并提出细化的研究假设。

能力是顺利完成某种活动的必备条件。政府信用能力作为政府履约践诺的能力，是从属政府能力的。政府能力越强，政府信用能力也就越强；政府能力越弱，政府信用能力也就越弱（王新红，2011）。可以说，在政府基本职能确定的条件下，政府的宏观公共行政能力实际上是政府履行职能的能力（张国庆，2007）。所以，政府只有具备强大的能力，才能圆满地完成各项职能和对公众的承诺，从而取得优异的任务绩效。以往相关研究业已证明了这一点。一方面，正如第二章文献综述中所提到的，不同学者的研究都表明政府的管理能力对政府绩效具有显著的正向影响（Ingraham et al.，2003；Andrews and Boyne，2010）；另一方面，对私营组织信用的研究基本也都表明能力维度会对任务绩效或是劳动生产率等产生积极的影响（Colquitt et al.，2007；Frenkel and Orlitzky，2005；Hodson，2004）。基于以上说明，可提出假设 H$_{1a}$：

H$_{1a}$：政府信用能力对政府任务绩效具有显著的正向影响。

组织展开竞争的目的是为了实现本组织利益最大化，但竞争也要遵守规则，讲究道德。由于组织诚信要求组织遵从的是对组织长期利益有益的规则，诚信的组织可通过暂时组织利益的丧失来换取组织的长期利益，因此组织诚信能够促进组织绩效（陈丽君，2005）。以 Cameron 为代表的学者发展出来的积极组织学说更系统地阐明了这种作用。根据这一学说，组织在竞争过程中体现出的美德是组织拥有的一种"积极能量"，拥有美德的组织就像具有高水平生理体能的个体一样，相对于健康的个体（即没有生病）体现

出了一种正向的偏差，从而可以表现出卓越的组织绩效。Cameron
（2003）的研究发现，组织美德与客观测量的结果（例如，赢利能
力）以及感知有效性（例如，超越最佳竞争对手的绩效）之间存
在显著的关系。相比竞争对手、行业平均水平、目标和过去的表
现，在组织美德方面得分较高的赢利性更好，组织美德也减轻了裁
员的负面影响。组织美德得分较高的组织，具有显著的更高的客观
的和感知的绩效。Gittell 等人（2005）的研究也表明，在"9·11"
事件之后，美国航空公司的复苏，与美德文化的存在之间有显著关
系。总之，当积极偏差、积极能量在组织中展现出来，同时组织认
同并合法化这类型动力，它们将会帮助组织扩大积极的结果并抵御
消极的后果。政府善心和政府诚信共同反映了政府的信用意愿，这
两者在很大程度上属于行政伦理的范畴，是政府组织所应具备的美
德。根据积极组织学说，拥有这种品质的政府，在竞争过程中会取
得更好的绩效。对公共组织的研究证明了组织美德的这种作用。公
共部门管理者的善心与诚信等美德对团队工作完成质量不仅有直接
的正向影响，而且还可以通过提高员工满意度及促进合作行为间接
提升团队的工作质量（Cho and Ringquist，2011）。公共部门中的公
平氛围会增强专业员工的组织认同，进而提高他们的工作投入并降
低离职倾向（Hassan，2013）。范柏乃和张鸣（2012）对我国县级
政府调查数据的分析也显示以政府工作的透明度（政府善心的典
型体现）、行政执法的公正性（政府诚信的典型体现）等指标表征
的行政管理信用对政府公共服务绩效（政府任务绩效的部分体现）
具有一定的促进作用。同时，政府的善心与诚信也是政府行政文化
的一种体现。这种优良的行政文化会唤起公务员的组织归属感，使
组织产生巨大的向心力（王玉萍、曹秋丽，2008）。具体而言，以
讲求善心与诚信为基础行政文化会必然有助于营造出和睦的组织内
部工作环境以及成员之间融洽的人际关系，可以激发公务员的工作
热情，调动公务员工作的积极性和创造性，以良好的心态进行工
作，进而刺激周边绩效行为的产生（陈胜军等，2012）。此外，以

善心和诚信铸造起来的政府信用形象本身也是对公务员一种激励和约束，会鞭策他们自觉做到情系于民，服务于民（周伟贤，2010）。综上所述，便可提出假设 H_{1b} 至假设 H_{1e}：

H_{1b}：政府善心对政府任务绩效具有显著的正向影响。

H_{1c}：政府善心对政府周边绩效具有显著的正向影响。

H_{1d}：政府诚信对政府任务绩效具有显著的正向影响。

H_{1e}：政府诚信对政府周边绩效具有显著的正向影响。

2. 政府信用对政府绩效的间接作用

根据本章第一节提出的组织绩效分析框架，组织信用除了可以直接作用于组织绩效外，还可以通过信任间接作用于组织绩效。作为组织信用的一种类型，政府信用同样可以通过政府信任的中介作用间接影响政府绩效。

政府信任（trust in government）指的是公众对政府的一种归属心理和评价态度。从第二章对信用、信任两个概念的辨析中可知，信用是信任产生最直接最主要的来源。在日常生活中，当某人的品性和能力被证明是可靠时（也即具备信用这种品质），我们才会信任该人（Keele，2007）。当政府成为信任指向的对象时，政府讲信用的品质同样是政府信任产生的源泉与基础（范柏乃、张鸣，2012）。中外学者的研究从不同角度支持、印证了这一观点。美国学者 Thomas（1998）、Levi 和 Stoker（2000）及 Kim（2005）在深入的理论分析之后不约而同地指出政府是否诚实、是否在行政过程中公正无偏、政策是否关注公众利益及是否具备足够的能力是影响政府可信性，从而影响公众政府信任的关键因素。这其中尤以 Kim 的研究最为全面。他在系统梳理以往信任影响因素研究的基础上提炼出了五个对公众政府信任最重要的政府客体因素，包括可信承诺、善心、诚实、能力、公平。按照 Kim 的说法，政府承诺要可信的话，一个最重要的构成要件即要使政府的利益暗含于政府履职的过程中，这与其后的善心维度基本相当于本文所谓的政府善心，而诚实、公平两大因素则相当于本文所谓的政府诚信，能力也就是政府必须拥有信用能力。所以，Kim 的研究本质上与本文的政府信用的三维划分模型是一致的，而且表明政府信用能力、政府善心、政府诚信会对政府信任产生直接的影响。国内学者陈丽君和张存如（2007）同样指出政府诚信是政府公信力（中国语境下政府信任更为官方的表述）的源泉。他们提出的政府公信力关系理论模型显示出政府公信力受政府诚信与政府执政能力的共同影响。相关实证研究为这些影响路径提供了经验层面的证据。如 Grönlund 和 Setälä（2012）通过对欧洲社会调查（European Social Survey）数据的分析表明政府官员的廉洁和诚实会增强公民的制度信任。这些研究本质上证明了政府善心和政府诚信在政府信任形成过程中发挥着举足轻重的作用。此外，Colquitt 等人（2007）的研究也表明组织信用的三个维度对于信任均具有积极显著的影响。基于以上说明，可提出下列研究假设：

H_2：政府信用对政府信任具有显著的正向影响。

H_{2a}：政府信用能力对政府信任具有显著的正向影响。

H_{2b}：政府善心对政府信任具有显著的正向影响。

H_{2c}：政府诚信对政府信任具有显著的正向影响。

政府组织与私营组织的显著区别就是政府活动所需资金从根本上说来自外部，也就是纳税人的税款，而且决定政府存亡的"合法性"程度也是由外部社会来评判的，所以，政府信任这种组织外信任对政府组织具有特殊重要的意义，因而也会对政府绩效起到关键的激励作用。具体而言，政府信任可能会通过以下几种方式作用于政府绩效。

首先，政府信任有利于降低政策的执行成本。政策的执行成本犹如行政管理过程中的"摩擦力"，这种"摩擦力"过大的话便会使政策难以执行或虽执行却无法取得预期的效果。一个不能有效执行自己所制定政策的政府当然难以取得高水平的绩效。信任则是一个降低所有社会、经济和政治关系的执行成本的有效途径（Fukuyama，1995）。每当宣布一个新的政策时，信任都要发挥作用

（Ocampo，2006）。公众对政府的支持及信任可以减少高绩效政府创建过程中的阻力，产生一种休戚与共、荣辱相依的情感（张旭霞，2008），从而能提高公共政策被自愿接受的程度，鼓励合作行为与遵纪守法，进而有助于政策的顺利实施和行政成本的降低（Ayresand Braithwaite，1992；Levi，1998；Tyler，1998）。

其次，政府信任有利于增强行政管理的灵活性。民主的成分越多，就意味着对权威的监督越多，信任越少（沃伦，2004）。美国宪政体制的设计便充满了对于政府的高度不信任，对于政府的不信任以及基于这种理念所设计出来的立法、司法、行政之间的权力分立、相互制衡等规范，其实在一定程度上降低了政府的运行效率。Behn（1995）指出，各部门、各单位及各级政府之间缺乏信任的状况加剧了政治问责的必要性与行政管理要求自由裁量权之间的紧张关系，这种张力损害了政府的绩效。在其发表于 *Public Administration Review* 的著名论文《公共管理的重大问题》中，Behn 把这种张力确定为公共管理所面临的第一个重大问题。然而这一问题也并非没有解决之道。研究表明公众的政府信任可以有效地缓解政治问责制（political accountability）与管理灵活性（managerial flexibility）之间的矛盾（Kim，2005；Cooper et al.，2008）。Cooper 等人（2008）通过对北卡罗来纳州西部的地区政府推行区域规划的研究表明，对地方政府信任度更高的公民更愿意支持政府的区域规划工作。换言之，较高政府信任可以给政府带来更多的自由裁量权（因为无须对政府严加防范），而这有利于在一个纷繁复杂的环境中提高政府绩效。

再次，政府信任有利于政府获取决策所需的各种信息。信任使交往的双方相信彼此都将受益于相互交流，因此有助于人与人之间的信息共享（Driscoll，1978）。在企业管理领域，Chowdhury（2005）的研究表明，认知信任和情感信任都会对知识分享产生显著影响。曾科岩等（2008）证明了组织信任有助于知识分享，知识分享行为则有助于组织绩效的提升。与信任对知识分享的作用机制相类似，政府信任会鼓励公众向政府透露重要的个人信息（Kim，2005），例如在全国人口普查时诚实地上报相关个人信息。反之，在弱政府信任下，政府难以收集到决策所需要的真实民意，决策时间必然延长（徐彬，2011）。从某种意义上来说，公共政策活动过程就是对政策信息进行搜集、传递、加工、使用、反馈的过程，信息是政策制定、执行、评估和监控的基本依据，所以公众对政府的态度会在很大程度上影响政府政策的绩效。

最后，政府信任有利于政府获取行政活动的必要资源。必要的资源是实现高水平绩效的前提和基础；反之，缺乏相应的资源则会导致政府无法有效运转。当公众对政府的信任程度较高时，公众对政府行政活动的经费开支、资源汲取的支持程度也较高（Chanley et al.，2000；Chanley，2002）。Rudolph 和 Evans（2005）的实证研究也证明了当政治信任水平提升时，对政府开支的支持程度也随之提升，且这种效应在保守派选民身上体现得更加明显。

综上所述，不难发现政府信任对于政府任务绩效有着明显的促进作用，而且和谐互信的政民关系也会激励公务员更努力地工作，从而表现出更高的周边绩效。基于此可提出下列研究假设：

H_3：政府信任对政府绩效具有显著的正向影响。

H_{3a}：政府信任对政府任务绩效具有显著的正向影响。

H_{3b}：政府信任对政府周边绩效具有显著的正向影响。

3. 概念模型的提出

本章从组织信用的分析视角出发，依托资源基础理论，通过文献回顾以及逻辑推演，指出政府信用不仅可以直接作用于政府绩效，也可以通过政府信任的中介作用间接影响政府绩效，并在此基础上提出了细化的研究假设。综合这些研究假设便可得到政府信用影响政府绩效的总体概念模型（如图 3.2 所示）。

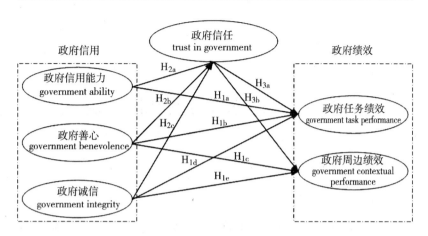

图 3.2 本研究的总体概念模型

第四章　问卷设计与实际测度

上一章总体概念模型的建立为下一步实证研究奠定了比较扎实的理论基础，接下来便需要对相关构念进行操作化测量，以检验所提出的研究假设是否成立。

一　问卷设计

在公共管理研究领域，很多构念是无法直接进行测量的，只能通过问卷的方法进行间接调查（范柏乃、蓝志勇，2008）。本研究所考察的核心变量——政府信用、政府绩效，便是无法直接测量的复杂构念。因此，问卷开发设计过程是否科学严谨，最终形成的问卷是否具有较高的信度和效度，将直接关系到研究的质量。下面研究者将严格按照社会调查量表编制的理论、方法与程序，采用李克特（Likert）七点量表法编制研究所使用的调查问卷。

（一）调查问卷的基本结构

调查问卷的基本结构一般包括引导语、背景资料和主体调查三个部分。引导语旨在说明调查研究的目的、意义和形式，让被调查者大致了解调查内容的基本背景和主要内容，以便有针对性地回答相关问题。背景资料是对被调查者的基本个人信息的描述，主要包括被调查者的性别、所在区域、年龄、学历、政治面貌、工作单位等，通过对这些个人自然信息的采集进一步增强调查结果的效度。

主体调查部分主要以表格的形式出现，被调查者根据自身工作经历或实际体会，对有关表述进行等级程度的判断，最常见的等级评定包括五点量表和七点量表，例如七点量表就是要求被调查者对有关表述进行 1—7 级的程度判断，分别以 1、2、3、4、5、6、7 来表示。本研究所使用的调查问卷同样具有这 3 个部分。在引导语部分，研究者开门见山地点出了研究的背景、目的、意义及实施单位等，并重点说明调查采用匿名方式进行，以使被调查者放心做答，降低各种个人偏误倾向发生的可能性。在背景资料部分，研究者设计了 5 个问题，用以采集被调查者性别、所在区域、学历、政治面貌、工作单位方面的个人信息。主体调查部分是调查问卷的核心内容，包括政府信用测评量表、政府绩效测评量表及相关中介变量的测度指标，下面将重点予以阐述。

（二）政府信用测评量表编制

好的调查问卷通常不仅是研究者本人从头开始设计的产物，同时也是参考借鉴其他调查问卷的结果，在调查研究中使用以往调查问卷中的相同问题是很常见的，也被认为是一种好的做法（Remler and Van Ryzin, 2011）。但是，目前学术界在政府信用指标体系构建方面仍处于起步阶段，尚未形成一套固定权威的指标体系，仅有的少量研究成果也存在维度划分不够准确，测度指标冗长繁杂等不足。为此，研究者采取了"两条腿走路"的方法。一方面，是尽可能多地收集已有政府信用测度指标，提炼并吸收适合于本研究的相关指标。除了国内相关主题的文献之外，研究者还重点检索收集国外政府信任影响因素的测度指标及一些国际性权威调查所使用的问卷，包括世界价值观调查（World Values Survey）、国际社会调查项目（International Social Survey Programme）、全球政府治理调查（Worldwide Governance Indicators）等；另一方面，研究者对包括政府信用相关领域研究专家及政府官员在内的 10 名人员进行了深度访谈，听取他们对政府信用测度指标设置的建议与意见，并就指标表述、量表形式等问题与他们进行了深入交流。在这两项工作的基础上，形成了指标的条目池。随后，研究者以所在学术团队（包括数位教授、副教授和 20 多名博士生、硕士生）为专家咨询平台，将条目池中指标制成简明的专家咨询表，征求团队成员对指标的意见，根据团队成员的反馈，舍弃了部分指标，并对部分指标进行了调整与完善，从而形成了初始地方政府信用评价量表（见表4.1），所有指标均采用 7 级打分法，要求被调查者对其工作所在地或籍贯所在地的县级政府进行 1—7 级的评价。

表 4.1　　　　　　初始地方政府信用评价量表

构念	维度	指　标	指标来源
政府信用	政府信用能力	政府具有较强的经济管理能力	根据访谈设计
		政府具有较强的政治管理能力	根据访谈设计
		政府具有较强的社会管理能力	根据访谈设计
	政府善心	政府会及时公开与公众切身利益相关的信息	根据访谈设计
		政府政策很关注公众的需求	吕维霞、王永贵（2010）
		政府行政行为实施过程中很重视公众的意见	周伟贤（2010）
		政府投入大量资源方便公众办事	吕维霞、王永贵（2010）
		办事机关及工作者愿意帮助公民解决其问题	吕维霞、王永贵（2010）
	政府诚信	政府切实做到依法行政	周伟贤（2010）
		政府在行政执法过程中能做到公平公正	ISSP（2006）；范柏乃等（2005）
		公务员具有良好的诚信水平	范柏乃、张鸣（2012）；吕维霞、王永贵（2010）

构念	维度	指　标	指标来源
政府信用	政府诚信	政府官员较为廉洁自律	ISSP（2006）；范柏乃等（2005）
		政府政策贯彻落实具有较强的一致性	李爱华、陈蕾（2012）
		政府政策具有较强的稳定性和连续性	范柏乃等（2005）；李爱华、陈蕾（2012）；周伟贤（2010）

该评价量表共包含 14 个测度指标。其中，指标 1 至指标 3 用于测度政府信用能力；指标 4 至指标 8 用于测度政府善心；指标 9 至指标 14 用于测度政府诚信。此外，在构建地方政府信用评价量表的同时，参考借鉴国外权威政府信任测度指标，设计了两个测度指标用于反映公民的政府信任状况，分别是"您对管理当地政府的人抱有充分的信心"（Van Ryzin et al.，2004），"您无法信任政府大部分时间做正确的事"（罗森布鲁姆、克拉夫丘克，2002）。

（三）政府绩效测评量表编制

遵循与政府信用测评量表相同的开发程序，即文献调研、深度访谈、专家咨询，研究者构建了初始的地方政府绩效评价量表（见表 4.2）。该评价量表共包含 11 个测度指标。其中，指标 1 至指标 7 用于测度政府任务绩效，指标 8 至指标 11 用于测度政府周边绩效。需要注意的是，为了实证分析的便利，本研究将采用主观绩效的方式测度公民对政府绩效的感知。在政府绩效评估方面，主观绩效测度虽然没有客观绩效测度更流行，但以往研究表明主观感知的绩效与客观绩效通常具有很高相关性（Delaney and Huselid，1996；Walker and Boyne，2006），所以这并不会损害研究的效度。

表 4.2　　　　　　　　　　初始地方政府绩效评价量表

构念	维度	指　标	指标来源
政府绩效	政府任务绩效	政府成功地增加了居民的收入	根据访谈设计
		政府成功地保障了基础教育质量	根据访谈设计
		政府成功地为病人提供了医疗护理	ISSP（2006）
		政府成功地实施了各项社会保险	根据访谈设计
		政府成功地控制了失业	ISSP（2006）
		政府成功地控制了犯罪	ISSP（2006）
		政府成功地保护了生态环境	ISSP（2006）
	政府周边绩效	公务员了解并遵守各项规章制度和业务规程	陈胜军等（2012）
		公务员在行政过程中顾及行政伦理	根据余德成（1996）改编
		公务员在行政过程中态度良好	根据访谈设计
		公务员在日常生活中没有做到自觉遵守社会公德	根据访谈设计

二　问卷检验

初始量表主要是在文献调研、深度访谈的基础上形成的，虽已能较好地反映相关概念的构思，但具有较强的主观色彩，因此，还需要对量表进行信度和效度检验，以确保对构思变量的测量是可信和有效的。为此，研究者选择了一个浙江大学 MPA 学员班和一个浙江大学研究生课程班进行问卷预调查，发放问卷 85 份，回收得到有效问卷 79 份。具体检验结果将在下面两节分别阐述。

（一）政府信用测评量表的信度、效度检验

首先对变量进行了 KMO 检验，结果显示 KMO 值为 0.912，表明非常适合于进行因子分析。在此基础上，对指标进行探索性因子

分析，以对政府信用内在结构进行检验，分析采取了方差最大旋转，根据凯泽标准对因子进行抽取（见表4.3）。从表中可见，主成分分析共抽取了3个因子，与原有构思比对，可发现抽取的因子与理论预想的政府信用三结构要素模型几乎完全一致，所有指标都按预想落入了相应的维度，除了用以测度政府诚信的指标"政府切实做到依法行政"落入了政府善心因子所在维度以外。此外，所抽取的3个因子累计方差贡献率高达69.327%（见表4.4），表明公因子具有较强的解释力与较好的代表性。总的来看，量表具有良好的结构效度。不过，少数指标也存在因素归属不甚明确的问题，如"政府切实做到依法行政"、"政府政策具有较强的稳定性和连续性"、"政府在行政执法过程中能做到公平公正"3个指标同时在2个因子上的负荷比较接近，且因子负荷都大于0.5。

表4.3　　　　　　　　　　　**旋转成分矩阵**^a

	成分		
	因子 1	因子 2	因子 3
政府行政行为实施过程中很重视公众的意见	.848	.101	.215
政府投入大量资源方便公众办事	.730	.245	.223
政府会及时公开与公众切身利益相关的信息	.710	.270	.199
政府政策很关注公众的需求	.688	.168	.451
办事机关及工作者愿意帮助公民解决其问题	.669	.433	.082
政府切实做到依法行政	.562	.559	.181
公务员具有良好的诚信水平	.292	.747	.181
政府官员较为廉洁自律	.524	.697	.006
政府政策贯彻落实具有较强的一致性	.231	.694	.430
政府政策具有较强的稳定性和连续性	-.016	.671	.536
政府在行政执法过程中能做到公平公正	.579	.588	.125
政府具有较强的政治管理能力	.119	.139	.814
政府具有较强的经济管理能力	.230	.180	.752
政府具有较强的社会管理能力	.369	.184	.747

提取方法：主成分。

旋转法：具有 Kaiser 标准化的正交旋转法。a. 旋转在 9 次迭代后收敛。

表 4.4   解释的总方差

成分	初始特征值			提取平方和载入			旋转平方和载入		
	合计	方差的 %	累积 %	合计	方差的 %	累积 %	合计	方差的 %	累积 %
1	7.154	51.102	51.102	7.154	51.102	51.102	3.944	28.168	28.168
2	1.488	10.630	61.732	1.488	10.630	61.732	3.077	21.982	50.150
3	1.063	7.595	69.327	1.063	7.595	69.327	2.685	19.177	69.327
4	.670	4.784	74.111						
5	.637	4.549	78.659						
6	.524	3.742	82.401						
7	.440	3.140	85.542						
8	.403	2.881	88.422						
9	.332	2.370	90.792						
10	.324	2.314	93.106						
11	.285	2.035	95.141						
12	.238	1.698	96.839						
13	.230	1.645	98.484						
14	.212	1.516	100.000						

提取方法：主成分分析。

至于量表的信度，本研究采用 Cronbach 内部一致性系数对政府信用评价量表各分量表的信度进行检验，从分析结果来看，各分量表的内部一致性系数分别为 0.832、0.876、0.873，均明显高于通常要求的 0.70 的标准，说明地方政府信用评价量表具有优良的内部一致性信度。

经过以上检验之后，便可得到用于问卷调查的地方政府信用评价量表。考虑到指标数目的适中性，研究者在此保留了所有 14 个测度指标用于调查。其中，政府信用能力维度包括 3 个测度指标，政府善心维度包括 5 个测度指标，政府诚信维度包括 6 个测度指标。

（二）政府绩效测评量表的信度、效度检验

依据同样的检验程序，研究者首先对政府绩效测评量表进行结构效度方面的检验。KMO 值为 0.867，表明适宜于进行因子分析。在此基础上，对指标进行探索性因子分析，以对政府绩效内在结构进行检验，分析采取了方差最大旋转，根据凯泽标准对因子进行抽取（见表 4.5）。

表 4.5　　　　　　　　　　　旋转成分矩阵[a]

	成　分	
	1	2
政府成功地为病人提供了医疗护理	.853	.155
政府成功地保障了基础教育质量	.824	.032
政府成功地实施了各项社会保险	.803	.137
政府成功地控制了失业	.746	.224
政府成功地增加了居民的收入	.668	.302
政府成功地控制了犯罪	.640	.326
公务员在行政过程中态度良好	.277	.796
公务员在日常生活中没有做到自觉遵守社会公德	−.138	.716
公务员在行政过程中顾及行政伦理	.382	.675
公务员了解并遵守各项规章制度和业务规程	.498	.600
政府成功地保护了生态环境	.466	.473

提取方法：主成分。

旋转法：具有 Kaiser 标准化的正交旋转法。

a. 旋转在 3 次迭代后收敛。

从表中可见，主成分分析共抽取了 2 个因子，与原有构思比对，可发现抽取的因子与理论预想的政府绩效二维模型几乎完全一致，所有指标都按预想落入了相应的维度，除了用以测度政府任务绩效的指标"政府成功地保护了生态环境"落入了政府周边绩效所在维度以外（且在 2 个因子上的负荷都小于 0.5）。此外，所抽取的 2 个因子累计方差贡献率高达 60.449%（见表 4.6），表明因子具有较强的解释力与较好的代表性。总的来看，量表具有良好的结构效度。

表 4.6　　　　　　　　　　　　　解释的总方差

成分	初始特征值			提取平方和载入			旋转平方和载入		
	合计	方差的%	累积%	合计	方差的%	累积%	合计	方差的%	累积%
1	5.265	47.866	47.866	5.265	47.866	47.866	4.172	37.926	37.926
2	1.384	12.583	60.449	1.384	12.583	60.449	2.478	22.524	60.449
3	.835	7.589	68.039						
4	.753	6.847	74.886						
5	.630	5.728	80.613						
6	.498	4.526	85.139						
7	.474	4.311	89.451						
8	.395	3.591	93.041						
9	.296	2.694	95.735						
10	.247	2.242	97.977						
11	.223	2.023	100.000						

提取方法：主成分分析。

　　另外，研究采用 Cronbach 内部一致性系数对政府绩效评价量表各分量表的信度进行检验。从分析结果来看，政府任务绩效分量表的内部一致性系数为 0.874，在删除"政府成功地保护了生态环境"指标后进一步提升至 0.879，大大超过 0.70 的要求。政府周边绩效分量表的内部一致性系数为 0.746，同样达到了 0.70 的要求。

　　经过以上检验之后，便可得到用于问卷调查的地方政府绩效评价量表。综合考虑信度、效度检验的结果，研究者决定删除"政府成功地保护了生态环境"这一指标，保留其余 10 个测度指标用于调查。其中，政府任务绩效维度包括 6 个测度指标，政府周边绩效维度包括 4 个测度指标。

最后，政府信任的 2 个测度指标都是直接借鉴国外权威问卷设计的，本身具有相当的内容效度，因子分析所提取的 1 个因子累计方差贡献率高达 80.462%，且该分量表的内部一致性系数也有 0.754，所以该分量表具有良好的信度与效度。

综上所述，便可得到本研究所使用的调查问卷（见附录）。

三 数据采集与描述性统计分析

在确定所使用的调查问卷后，研究随即进入了大规模问卷发放的阶段。本研究选择县级政府作为问卷的调查对象。这主要是基于两个方面的考量：一是县级政府在政府层级中属于接近公众的基层治理单位，直接频繁地与公众发生互动关系，政治学上有句名言也是说"一切政治都是地方政治"，因而公众对县级政府的信用与绩效状况会更了解；二是县级政府拥有相对独立且全面的地方经济和社会事务管理权，且是地方基本公共产品和服务的直接提供者或监管者。从历史上看，自秦朝施行郡县制以来，县级政府一直是维护政治统一和社会稳定的重要基石（陈国权、李院林，2010）。因而针对县级政府进行政府信用与政府绩效关联机理的研究具有更为重大的意义。

（一） 问卷发放的基本情况

本研究问卷发放主要采用课堂集中发放、访谈发放、邮寄发放、电子邮件发放及 QQ 发放相结合的方式。此外，研究者还通过私人关系网络发放了部分问卷。问卷的发放对象主要包括政府官员、MPA 学员、MBA 学员、企事业单位工作人员、浙江大学全日制在校本科生、浙江大学全日制在校研究生等。问卷填写人来源的多元性能够有效减少数据搜集时的系统误差，从而保证数据可靠性与真实性。整个问卷发放过程历时 3 个多月，从 2012 年 10 月中旬持续至 2013 年 1 月中旬，期间共发放问卷 1275 份，回收问卷 1177 份，得到有效问卷 965 份，有效回收率为 75.7%。所得的 965 份有效问卷覆盖了我国 268 个县级行政区域，包括东部地区 169 个县级行政区域，中部地区 61 个县级行政区域，西部地区 38 个县级行政区域①。

（二）样本的同源偏差检验

在同一时间点以自陈式量表施测，并由单一来源的被调查者回答时，在面对题型极为一致，比如所有题型皆为李克特五点量表，而且设问方式皆为正向时，特别容易出现同源偏差（Common Method Variance，CMV）的问题（Lindell and Whitney，2001；彭台光等，2006）。这时两个变量之间变异的重叠是因为使用同类测量工具而导致，并不代表潜在构念之间的真实关系（Teo，2011）。这一问题在管理学研究中较为普遍，但并未引起国内学术界的足够重视。消除这一问题的方法就是在研究设计中采取相应的事前预防措施，本研究采取了答卷者信息隐匿法、题项意义隐匿法、反向题项设计法、题项文字组织法及分析单位隔离法②等多种措施来降低这一问题的影响。检测同源偏差的常见方法是 Podsakoff 和 Organ（1986）建议的哈曼（Harman）单因子检测方法：问卷所有条目一起作因子分析，在未旋转时得到的第一个主成分，反映了 CMV 的量。由表4.7 可见，本研究使用的问卷所有条目一起作因子分析，在未旋转时得到的第一个主成分占到的载荷量是 44.463%，并没有占到多数，表明同源偏差并不算严重。

---

　①　东部地区包括北京、天津、河北、辽宁、上海、江苏、浙江、福建、山东、广东和海南等 11 个省市；中部地区包括山西、吉林、黑龙江、安徽、江西、河南、湖北、湖南等 8 省；西部地区包括重庆、四川、贵州、云南、西藏、陕西、甘肃、青海、宁夏、新疆、广西、内蒙古等 12 个省、自治区、直辖市。

　②　本研究问卷调查的对象虽然是个人，但分析单位却是县级政府，相当于提升了分析单位。在操作中，当某个县级政府对应多份有效问卷时，以测度指标的平均值作为该县级政府的得分。例如，杭州市萧山区有效问卷为 8 份，被调查者对"政府会及时公开与公众切身利益相关的信息"这一题项的打分分别为 3、6、3、1、4、5、3、5 分，则杭州市萧山区在这一指标上的得分为（3 + 6 + 3 + 1 + 4 + 5 + 3 + 5）÷ 8 = 3.75 分。

表 4.7　　　　　　　　　　哈曼单因子检测

成分	初始特征值			提取平方和载入		
	合计	方差的%	累积%	合计	方差的%	累积%
1	11.560	44.463	44.463	11.560	44.463	44.463
2	2.113	8.128	52.591	2.113	8.128	52.591
3	1.531	5.888	58.479	1.531	5.888	58.479
4	1.219	4.687	63.166	1.219	4.687	63.166
5	.966	3.714	66.880			
6	.922	3.546	70.426			
7	.777	2.988	73.414			
8	.703	2.703	76.116			
9	.647	2.489	78.605			
10	.590	2.268	80.873			
11	.553	2.127	83.000			
12	.469	1.803	84.803			
13	.443	1.705	86.508			
14	.397	1.525	88.033			
15	.389	1.496	89.529			
16	.373	1.435	90.964			
17	.348	1.337	92.302			
18	.306	1.176	93.478			
19	.277	1.064	94.542			
20	.259	.995	95.537			
21	.239	.919	96.456			
22	.225	.866	97.322			
23	.193	.744	98.066			
24	.181	.696	98.762			
25	.173	.663	99.425			
26	.149	.575	100.000			

提取方法：主成分分析。

（三）样本的描述性统计分析

在把问卷数据录入 SPSS 18.0 统计软件后，对样本的背景资料和主体调查部分进行了描述性统计分析，以了解样本的人口统计特征与调查涉及县级行政区域政府信用与绩效水平的概貌。

表 4.8   样本的人口统计特征

人口统计特征	类别	频数	频率（%）
性别	男性	487	50.5
	女性	478	49.5
学历	高中及以下	15	1.6
	专科/中专	78	8.1
	大学本科	604	62.6
	研究生及以上	268	27.8
政治面貌	中共党员	544	56.4
	共青团员	315	32.6
	民主党派	5	0.5
	群众	101	10.5
工作单位	政府机关	234	24.2
	企业单位	234	24.2
	事业单位	151	15.6
	社会团体	43	4.5
	学生	303	31.4

由表 4.8 可见，调查样本在性别、工作单位方面的分布较为均衡。男性被调查者与女性被调查者几乎各占一半，且被调查者的工作单位来源多样，基本涵盖了所有的社会组织类型。在学历方面，被调查者以本科学历为主，占到了 62.6%，同时研究生及以上学历者所占比例超过了 1/4，表明被调查者的受教育水平总体较高，从而也能够较好地理解测度指标的含义；在政治面貌方面，中共党员人数超过了被调查者的一半；共青团员所占比例也接近 1/3；而民主党派和群众所占比例明显偏低。这可能与相当一部分被调查者来自政府机关和事业单位有关，因为这些单位长期以来都是中共党员构成的骨干力量。此外，绝大部分大学生也属于共青团员这一群

体。总体来看，调查样本具有良好的代表性，能够充分反映不同社
会群体和阶层对本地区政府信用与绩效水平的认识。

表 4.9　　　　　　　　　政府信用测度指标平均值

	所有地区 平均值	东部地区 平均值	中部地区 平均值	西部地区 平均值
政府具有较强的经济管理能力	4.58	4.64	4.43	4.56
政府具有较强的政治管理能力	4.91	4.99	4.62	4.99
政府具有较强的社会管理能力	4.56	4.59	4.25	4.91
政府会及时公开与公众切身利益相关的信息	3.90	3.93	3.63	4.21
政府政策很关注公众的需求	4.08	4.11	3.88	4.24
政府行政行为实施过程中很重视公众的意见	3.84	3.89	3.67	3.92
政府投入大量资源方便公众办事	4.14	4.24	3.85	4.22
办事机关及工作人员愿意帮助公民解决其问题	4.04	4.18	3.68	4.02
政府切实做到依法行政	4.21	4.32	3.88	4.27
政府在行政执法过程中能做到公平公正	4.05	4.13	3.75	4.15
公务员具有良好的诚信水平	4.18	4.26	3.84	4.39
政府官员较为廉洁自律	3.73	3.89	3.27	3.80
政府政策贯彻落实具有较强的一致性	4.17	4.28	3.86	4.21
政府政策具有较强的稳定性和连续性	4.37	4.39	4.22	4.54

　　表 4.9 给出了所有样本地区及样本东、中、西部三大地区在政
府信用各个测度指标上的平均得分。总的来看，县级政府的信用状
况处于中等略偏上的水平。虽然用"信用危机"来形容略显夸张，
但不可否认的是政府信用状况的确也是在低位运行。

表 4.10　　　　　　　　　不同维度指标平均值多重比较

	(I) 维度	(J) 维度	均值差 (I − J)	标准误	显著性	95% 置信区间 下限	上限
LSD	政府信用能力	政府善心	.68333*	.13469	.000	.3869	.9798
		政府诚信	.56500*	.13041	.001	.2780	.8520
	政府善心	政府信用能力	− .68333*	.13469	.000	− .9798	− .3869
		政府诚信	− .11833	.11168	.312	− .3641	.1275
	政府诚信	政府信用能力	− .56500*	.13041	.001	− .8520	− .2780
		政府善心	.11833	.11168	.312	− .1275	.3641

*均值差的显著性水平为 0.05。

表 4.11　　　　　　　　　不同地区指标平均值多重比较

	(I) 地区	(J) 地区	均值差 (I − J)	标准误	显著性	95% 置信区间 下限	上限
LSD	东部地区	中部地区	.35786*	.12631	.007	.1024	.6134
		西部地区	− .04214	.12631	.740	− .2976	.2134
	中部地区	东部地区	− .35786*	.12631	.007	− .6134	− .1024
		西部地区	− .40000*	.12631	.003	− .6555	− .1445
	西部地区	东部地区	.04214	.12631	.740	− .2134	.2976
		中部地区	.40000*	.12631	.003	.1445	.6555

*均值差的显著性水平为 0.05。

　　从构成政府信用的三个维度来看，所调查的县级政府在政府信用能力维度上的平均得分最高，政府诚信维度上的平均得分次之，政府善心维度上的平均得分最低，3 项平均得分低于 4 分的指标中有 2 项都处于这一维度，分别是"政府会及时公开与公众切身利益相关的信息"平均得分 3.90 分，"政府行政行为实施过程中很重视公众的意见"平均得分 3.84 分。随后进行的方差分析（见表 4.10，F = 13.829，P = 0.001 < 0.05）也证明了政府善心维度的平均得分显著地低于政府信用能力维度和政府诚信维度的平均得

分。这一结果与相关调查结果基本一致。《小康》杂志最新的"中国信用小康指数"调查显示，35%的受访者选择"政府工作人员树立政府为民的思想意识"是信用政府建设过程中最需要做的，同时有53.5%的受访者认为"政府行为透明度不高"对政府信用影响最大（鄂璠，2012）。"中国政府信息公开项目"的实际测评同样显示了县级行政单位的行政透明度及格率只有20.83%，存有很大的改进空间（北京大学公众参与研究与支持中心，2012）。这一现象反映出随着经济的发展，政府财力的改善，政府职能的逐步转变及规章制度的建立健全，县级政府的信用能力和诚信品格都有了相应的提升，也得到了民众的认可，但与此同时政府的回应性、透明性等软件部分却仍未得到"自动更新"。究其原因，在政治体制改革相对滞后，民众政治参与途径有限，官员晋升方式以委任制为主的局面下，地方政府对民众需求的回应自然就缺乏强大的动力。地方政府及其部门出于自身利益考虑也不会真正贯彻落实政府信息公开制度。特别是，近年来某些地方政府借民生工程之名，行形象工程、面子工程之实，建设诸如豪华城市广场、豪华音乐厅、豪华歌剧院等，更是严重损害了政府在民众心中的善意形象。

　　从东、中、西部三大地区来看，中部地区县级政府在每项指标上的平均得分都是最低的，除了政府信用能力维度的3个指标及"政府政策具有较强的稳定性和连续性"以外，其余指标的平均得分甚至都不足4分。东部地区和西部地区县级政府的平均得分较高，西部地区县级政府甚至还在某些指标的平均得分上高于东部地区。方差分析（见表4.11，$F = 6.055$，$P = 0.005 < 0.05$）也表明中部地区县级政府的平均得分显著地低于东部地区和西部地区，西部地区县级政府的平均得分虽然高于东部地区，但不具有统计显著性意义。李和中、刘骏（2010）在对东、中、西部地区地方政府"善治"水平公众认知进行比较分析后也得出了类似的结论。这一方面应该与地方政府的实际作为有着密切联系。东部地区经济社会发展程度在三大地区中最高，政府所拥有的资源较为丰富，公务员整体素质较

高，且政府转型起步早、进展快，因而目前已能较好地适应经济社会发展的要求。西部地区在国家西部大开发政策出台后得到了中央政府的大力扶持，同时西部地区政府本身也有强烈的赶超意识，导致近年来政府能力有效提升，行为日趋规范。中部地区人们思想意识较为保守，政府改革相对滞后，也无法得到国家的倾斜政策，由此造成中部地区政府的信用水平"不东不西，不如东西"。地方政府创新活动的活跃程度也正是这种状况的典型体现。何增科基于五届"中国地方政府创新奖"获奖项目的量化研究表明东部地区政府创新十分活跃，并保持遥遥领先地位；其次是经济不发达的西部地区，中部地区则处于殿后地位（何增科，2011）；另一方面，公众认知的差异性也是产生这一情况的原因。西部地区民众由于公民社会发展较为滞后、素质水平有待提高使其认知程度偏低，对政府的治理要求更容易得到满足，而中部地区民众的认知正处于上升阶段，对政府治理水平的要求正在形成完善中，自然会与在变革发展中的政府形态产生一定碰撞（李和中、刘骏，2010）。

表 4.12 政府绩效测度指标平均值

	所有地区平均值	东部地区平均值	中部地区平均值	西部地区平均值
政府成功地增加了居民的收入	4.47	4.54	4.30	4.44
政府成功地保障了基础教育质量	4.74	4.78	4.67	4.65
政府成功地为病人提供了医疗护理	4.34	4.37	4.31	4.23
政府成功地实施了各项社会保险	4.47	4.56	4.35	4.31
政府成功地控制了失业	4.08	4.16	3.94	3.98
政府成功地控制了犯罪	4.51	4.59	4.35	4.38
公务员了解并遵守各项规章制度和业务规程	4.36	4.46	4.03	4.45
公务员在行政过程中顾及行政伦理	4.36	4.46	4.07	4.36
公务员在行政过程中态度良好	4.14	4.23	3.80	4.27

	所有地区平均值	东部地区平均值	中部地区平均值	西部地区平均值
公务员在日常生活中做到自觉遵守社会公德	4.30	4.32	4.10	4.54

　　注：由于在输入数据已把反向指标"公务员在日常生活中没有做到自觉遵守社会公德"的值做正向输入了，所以该测度指标在此应表述为"公务员在日常生活中做到自觉遵守社会公德"。

　　表4.12给出了所有样本地区及样本内部三大地区在政府绩效各个测度指标上的平均得分。总体而言，县级政府的绩效状况处于中等偏上的水平，表现要好于政府信用，突出体现在所有指标的平均得分都超过了4分，最低项得分也有4.08分。

　　从构成政府绩效的两个维度来看，所调查的县级政府在政府任务绩效维度上的平均得分要高于在政府周边绩效上得分，但不具有统计显著性的差异（F=1.503，P=0.255>0.05）。这种状况在一定程度上反映出在目前压力型体制之下，作为基层政府的县级政府其工作重心就是要完成好基本工作任务并接受上级的考核，在"上面千条线，下面一根针"的困局下县级政府能完成工作任务已实属不易，所以政府部门的周边绩效往往被忽视，在管理上基本也是空白。就各个测度指标的得分来看，最高的是"政府成功地保障了基础教育质量"，平均得分达到4.74分，最低的是"政府成功地控制了失业"，平均得分仅为4.08分，反映出政府在解决就业难这个老大难问题上似乎成效不大。

　　从东、中、西部三大地区来看，不同地区间的政府绩效水平存在着显著的差异（见表4.13，F=3.855，P=0.034<0.05）。东部地区县级政府在绝大部分指标上的平均得分都是最高的，且在政府任务绩效维度上每项指标的平均得分都是最高的。这是因为政府任务绩效维度的指标基本是以政府承担的基本公共服务为内容的，而我国各地的公共服务水平一直以来就存在着明显的地区差距（李

文军、唐兴霖，2012）。这种差异与各地的经济发展状况、开放程度、现代化程度紧密相连，具有较强的惯性（陈昌盛、蔡跃洲，2007）。毫无疑问，东部地区的经济发展水平在三大地区中一直以来都是最高的，多年以来，对公共服务的投资也是最多的，此外，东部地区县域的面积相比中西部较小、人口密度较大，相同投资下公共服务对人口的覆盖程度及带来的便利程度会更好一些。在这些因素的作用下，东部地区县级政府的总体绩效水平特别是任务绩效水平自然会在三大地区中脱颖而出。相较而言，西部地区县级政府的平均得分虽低于东部地区，但不具有统计显著性意义，中部地区县级政府的平均得分则显著低于东部地区，再次在三大地区中排名最后。这可能与近年来中央对西部地区政策倾斜扶持有关，使西部地区县级政府的可支配财力得到了一定程度的改善。中部地区县级政府受制于经济发展水平，"吃饭财政"特征还比较突出，在总体财力有限的条件下，对公共服务投入就更捉襟见肘，导致整体绩效改善缓慢。

表 4.13　　　　　　　　不同地区指标平均值多重比较

	(I) 地区	(J) 地区	均值差 (I－J)	标准误	显著性	95% 置信区间	
						下限	上限
LSD	东部地区	中部地区	.25500*	.09344	.011	.0633	.4467
		西部地区	.08600	.09344	.366	－.1057	.2777
	中部地区	东部地区	－.25500*	.09344	.011	－.4467	－.0633
		西部地区	－.16900	.09344	.082	－.3607	.0227
	西部地区	东部地区	－.08600	.09344	.366	－.2777	.1057
		中部地区	.16900	.09344	.082	－.0227	.3607

*均值差的显著性水平为 0.05。

最后，所有样本地区在政府信任两个测度指标上的平均得分分别为 4.29 分和 4.20 分，表明被调查民众对基层政府的信任度不是很高，仍有进一步提升的空间。

第五章　基于统计分析的政府信用与
政府绩效关联机理研究

本章是整个研究的核心部分，将综合运用多种统计方法对问卷数据进行分析，以期揭示政府信用与政府绩效的内在关联机理。

一　典型相关分析

典型相关分析是考察两组变量之间的整体相关性的统计分析方法。在本研究当中，政府信用与政府绩效均是由众多变量构成的复杂构念，考察两者间的相互依存关系，不能采用简单相关分析，而应该采用典型相关分析。在 SPSS 统计软件中可通过两种方法来实现典型相关分析，一种是采用 Manova 过程；另一种是采用专门提供的宏程序。本研究采用第二种方法进行典型相关分析的运算，在调用相关宏程序后便可得到分析结果（见表 5.1 至表 5.3）。

表 5.1　　　　　典型相关系数及其显著性检验

Canonical Correlations		Test that remaining correlations are zero:			
		Wilk's	Chi – SQ	DF	Sig.
1	.806	1	.102580.422140.000		.000
2	.637	2	.292312.944117.000		.000
3	.429	3	.492180.45096.000		.000
4	.370	4	.603128.66177.000		.000
5	.355	5	.699	91.104	60.000	.006

续表

Canonical Correlations		Test that remaining correlations are zero:				
			Wilk's	Chi – SQ	DF	Sig.
6	.314	6	.800	56.805	45.000	.111
7	.236	7	.887	30.465	32.000	.544
8	.216	8	.940	15.837	21.000	.779
9	.098	9	.986	3.650	12.000	.989
10	.069	10	.995	1.218	5.000	.943

表 5.2　　　　　政府信用变量组标准化的典型系数

	1	2	3	4	5	6	7	8	9	10
GA1	−.027	−.444	−.639	.107	−.154	−.014	−.162	−.112	.292	−.689
GA2	−.126	−.093	.653	.024	.178	−.958	−.603	−.522	−.112	−.180
GA3	−.018	.365	−.111	.795	.437	.311	.745	.943	.317	.245
GB1	.014	−.016	.222	.186	−.178	.020	−.061	−.121	−.154	−.349
GB2	−.003	−.423	−.664	−.537	.173	−.651	.003	.119	−.018	1.077
GB3	−.051	.411	−.138	.573	−.328	.558	−.633	−.344	−.315	−.184
GB4	−.066	−.152	.030	−.176	.137	−.028	.075	.652	−.984	−.247
GB5	−.222	.728	−.036	−.226	.099	−.342	.300	−.289	.264	−.488
GI1	−.035	−.107	−.108	.004	1.081	.608	−.242	−.627	.093	.284
GI2	−.197	−.062	−.275	−.298	−.546	.107	−.307	.785	.755	−.218
GI3	−.062	−.274	.892	−.399	.330	.378	−.133	.321	−.114	−.133
GI4	−.199	.179	−.178	−.166	−.277	−.600	.639	−.569	.070	.352
GI5	−.342	.056	.541	.608	−.630	.345	−.303	.058	.027	.423
GI6	.024	−.441	−.283	−.040	−.163	.167	.636	−.422	−.329	−.180

注：GA 代表政府信用能力；GB 代表政府善心；GI 代表政府诚信。

表 5.3　　　　　政府绩效变量组标准化的典型系数

	1	2	3	4	5	6	7	8	9	10
GTP1	−.171	−.435	−.087	.405	−.342	−.793	.269	−.390	−.765	−.150

续表

	1	2	3	4	5	6	7	8	9	10
GTP2	-.023	-.185	-.360	-.013	1.340	-.209	-.142	.186	.366	.467
GTP3	-.081	.022	-.269	.606	-.851	.934	-.792	-.251	-.377	.204
GTP4	-.074	-.404	.146	-.565	.228	.667	1.052	-.106	-.084	-.526
GTP5	-.115	.090	-.652	-.567	-.351	-.494	-.232	1.009	.225	.074
GTP6	-.116	.098	.665	1.012	-.033	-.051	.347	.143	.427	-.267
GCP1	-.221	-.249	.058	-.467	-.154	-.300	-.681	-.545	1.012	-.052
GCP2	.027	-.207	.925	-.394	-.003	.384	-.007	.557	-.737	.432
GCP3	-.550	1.018	-.281	.100	.423	-.102	.067	-.371	-.135	-.458
GCP4	.011	-.053	-.194	-.086	-.203	.071	.452	-.036	.189	.959

注：GTP 代表政府任务绩效；GCP 代表政府周边绩效。

表 5.1 显示政府信用与政府绩效两组变量间共可提取 10 对典型变量，前 5 对典型变量间的相关系数达到统计显著性水平；后 5 对典型变量间的相关系数则未能达到统计显著性水平。其中，解释力最强的第一对典型变量的相关系数高达 0.806，说明政府信用与政府绩效两组变量间确实存在着紧密的相互依存关系，接下来对两者关联机理的考察具有坚实的基础。

从表 5.2、表 5.3 可知，第一对典型变量在政府信用变量组中的表达式为：$U_1 = -0.027GA1 - 0.126GA2 - 0.018GA3 + 0.014GB1 - 0.003GB2 - 0.051GB3 - 0.066GB4 - 0.222GB5 - 0.035GI1 - 0.197GI2 - 0.062GI3 - 0.199GI4 - 0.342GI5 + 0.024GI6$。在政府绩效变量组中的表达式为：$V_1 = -0.171GTP1 - 0.023GTP2 - 0.081GTP3 - 0.074GTP4 - 0.115GTP5 - 0.116GTP6 - 0.221GCP1 + 0.027GCP2 - 0.550GCP3 + 0.011GCP4$。根据表达式中典型系数绝对值的大小，可以大致推论出第一对典型变量主要反映出政府诚信与政府任务绩效及政府周边绩效间存在着较强的正相关关系。当然，典型相关分析本质上只是一种相关分析，还不能反映出变量间的影响方向。此外，典型变量是由变量组中所有变量线性组合而成的，也不含误差项，无法精细地刻画构念某一维度对其他构念有关维度的影响。对这些问题的回答需要引入构方程模型分析，这也是下一步研究的内容。

二 验证性因子分析

第四章第二节在对问卷进行检验时运用 SPSS 统计软件进行了探索性因子分析，其主要目的在于通过尝试以求得量表最佳因素结构，建立问卷的结构效度。研究进行到此，大规模问卷调查业已完成。更重要的是，结构方程模型具有高度的理论先验性，只有在对潜在变量提出适当的测量变量以组成测量模型后才可通过结构方程模型分析程序对潜在变量的结构或影响关系进行有效分析。因此，一般而言，验证性因子分析是进行整合性结构方程模型分析的一个前置步骤或基础架构（周子敬，2006）。遵循这种惯例，本研究也将在结构方程模型分析之前首先对政府信用、政府绩效评价量表上的测量变量进行验证性因子分析。由于在性质上验证性因子分析属于结构方程模型的一种次模型，是结构方程模型分析的一种特殊运用（吴明隆，2010），所以研究将运用 SEM 分析软件 AMOS18.0 进行验证性因子分析。

初始政府信用二阶验证性因子分析模型包含了量表中所有 14 个指标，但是模型整体拟合效果不甚理想，相当一部分统计检验量没有达到适配的标准或临界值（见表 5.4），且指标"政府政策具有较强的稳定性和连续性"的因子负荷量仅为 0.59，明显偏低。

表 5.4　　　　　　初始政府信用验证性因子分析结果

统计检验量	适配的标准或临界值	检验结果数据	模型适配判断
绝对适配度指标			
χ^2 值	p > 0.05（未达显著水平）	381.295 （p = 0.000 < 0.05）	否

续表

统计检验量	适配的标准或临界值	检验结果数据	模型适配判断
绝对适配度指标			
RMR 值	< 0.05	0.084	否
RMSEA 值	< 0.08（若 < 0.05 优良；< 0.08 良好）	0.121	否
GFI 值	> 0.90 以上	0.832	否
AGFI 值	> 0.90 以上	0.762	否
增值适配度指标			
NFI 值	> 0.90 以上	0.847	否
RFI 值	> 0.90 以上	0.812	否
IFI 值	> 0.90 以上	0.873	否
TLI 值（NNFI 值）	> 0.90 以上	0.843	否
CFI 值	> 0.90 以上	0.872	否
简约适配度指标			
PGFI 值	> 0.50 以上	0.587	是
PNFI 值	> 0.50 以上	0.689	是
PCFI 值	> 0.50 以上	0.709	是
CN 值	> 200	72	否
χ^2 自由度比	< 3.00	5.153	否
AIC 值	理论模型值小于独立模型值，且同时小于饱和模型值	443.295 > 210.000 443.295 < 2519.794	否
CAIC 值	理论模型值小于独立模型值，且同时小于饱和模型值	587.630 < 698.879 587.630 < 2584.978	是

　　结合探索性因子分析的结果，研究者决定删除"政府政策具有较强的稳定性和连续性"这一指标。随后重新进行了验证性因子分析，结果模型整体拟合效果得到了大幅改善，大多数拟合指标都已接近或者达到适配标准，根据 AMOS 提供的修正指标对模型

进行进一步修正，增列了两对误差变量间的共变关系之后，模型拟合效果已基本达到了理想状态（见表5.5和图5.1）。

表5.5　　修正后政府信用验证性因子分析结果

统计检验量	适配的标准或临界值	检验结果数据	模型适配判断
绝对适配度指标			
χ^2 值	p > 0.05（未达显著水平）	166.782（p = 0.000 < 0.05）	否
RMR 值	< 0.05	0.057	基本达到
RMSEA 值	< 0.08（若 < 0.05 优良；< 0.08 良好）	0.084	基本达到
GFI 值	> 0.90 以上	0.914	是
AGFI 值	> 0.90 以上	0.865	否
增值适配度指标			
NFI 值	> 0.90 以上	0.923	是
RFI 值	> 0.90 以上	0.896	基本达到
IFI 值	> 0.90 以上	0.948	是
TLI 值（NNFI 值）	> 0.90 以上	0.930	是
CFI 值	> 0.90 以上	0.948	是
简约适配度指标			
PGFI 值	> 0.50 以上	0.583	是
PNFI 值	> 0.50 以上	0.686	是
PCFI 值	> 0.50 以上	0.705	是
CN 值	> 200	123	否
χ^2 自由度比	< 3.00	2.876	是
AIC 值	理论模型值小于独立模型值，且同时小于饱和模型值	232.782 > 182.000　232.782 < 2182.333	否
CAIC 值	理论模型值小于独立模型值，且同时小于饱和模型值	384.284 < 599.780　384.284 < 2242.016	是

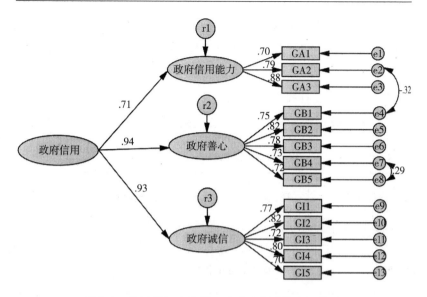

图5.1　修正后政府信用二阶验证性因子分析模型

从表5.5可见，虽然 χ^2 依旧显著[1]，但是 χ^2/df 小于3，而且除了 AGFI 值以外其余各项拟合指数均超过0.90，同时，RMSEA 值为 0.084，已基本达到了适配标准。这表明研究提出的假设模型与实际数据具有较好的拟合度。图5.1即为修正后的政府信用二阶验证性因子分析模型。图中二阶因素构念与一阶因素构念、一阶因素构念与测量变量间的路径系数均为标准化回归系数，所有路径系数均达到0.01的显著性水平，且因素负荷量都在0.70以上，表示测量变量能有效反映其要测得的构念特质。值得注意的是，3个一阶因素构念——政府信用能力、政府善心、政府诚信的因素负荷量都很高，分别为0.71、0.94、0.93，表明这3个因素在更高阶上聚合为同一个因素。它们实际上是测量了同一个潜变量——政府信用。

同样，对政府绩效也进行验证性因子分析。初始的政府绩效验证

① 这一统计检验量对于本研究可能并不适合，因为卡方值对于大样本量往往十分敏感（Byrne, 2001；Kline, 1998）。此时即使隐含的协方差矩阵（假设模型导出的协方差矩阵）与样本数据协方差矩阵差异很小，卡方值也会变得很大，造成显著性概率值 p 变得很小，容易拒绝虚无假设——假设模型与样本数据无法适配。

证性因子分析模型包含了量表中所有 10 个指标，然而，初始模型整体拟合效果非常一般（见表 5.6），像 RMR、RMSEA 等部分统计检验量没有达到适配的标准值或临界值。此外，指标"公务员在日常生活中没有做到自觉遵守社会公德"的因子负荷量仅为 0.31，大大低于对于观测指标因子负荷量的一般要求。

表 5.6　　　　　　初始政府绩效验证性因子分析结果

统计检验量	适配的标准或临界值	检验结果数据	模型适配判断
绝对适配度指标			
χ^2 值	p > 0.05（未达显著水平）	171.873（p = 0.000 < 0.05）	否
RMR 值	< 0.05	0.074	否
RMSEA 值	< 0.08（若 < 0.05 优良；< 0.08 良好）	0.123	否
GFI 值	> 0.90 以上	0.892	基本达到
AGFI 值	> 0.90 以上	0.825	否
增值适配度指标			
NFI 值	> 0.90 以上	0.869	否
RFI 值	> 0.90 以上	0.827	否
IFI 值	> 0.90 以上	0.893	基本达到
TLI 值（NNFI 值）	> 0.90 以上	0.857	否
CFI 值	> 0.90 以上	0.892	基本达到
简约适配度指标			
PGFI 值	> 0.50 以上	0.551	是
PNFI 值	> 0.50 以上	0.657	是
PCFI 值	> 0.50 以上	0.674	是
CN 值	> 200	76	否
χ^2 自由度比	< 3.00	5.055	否

统计检验量	适配的标准或临界值	检验结果数据	模型适配判断
AIC 值	理论模型值小于独立模型值，且同时小于饱和模型值	213.873 ＞110.000 213.873 ＜1336.673	否
CAIC 值	理论模型值小于独立模型值，且同时小于饱和模型值	310.284 ＜362.504 310.284 ＜1382.583	是

　　综合考虑上述结果，研究者决定删除"公务员在日常生活中没有做到自觉遵守社会公德"这一指标。随后重新进行了验证性因子分析，结果模型整体拟合效果得到了大幅改善，大多数拟合指标都已接近或者达到适配标准，根据 AMOS 提供的修正指标对模型进行进一步修正，增列了两对误差变量间的共变关系之后，模型拟合效果已达到了可接受的水平（见表 5.7 和图 5.2）。

表 5.7　　　　　修正后政府绩效验证性因子分析结果

统计检验量	适配的标准或临界值	检验结果数据	模型适配判断
绝对适配度指标			
χ^2 值	p ＞0.05（未达显著水平）	58.587 （p ＝0.000 ＜0.05）	否
RMR 值	＜0.05	0.045	是
RMSEA 值	＜0.08（若 ＜0.05 优良；＜0.08 良好）	0.079	是
GFI 值	＞0.90 以上	0.957	是
AGFI 值	＞0.90 以上	0.912	是
增值适配度指标			
NFI 值	＞0.90 以上	0.953	是
RFI 值	＞0.90 以上	0.924	是
IFI 值	＞0.90 以上	0.970	是

续表

统计检验量	适配的标准或临界值	检验结果数据	模型适配判断
TLI 值（NNFI 值）	>0.90 以上	0.951	是
CFI 值	>0.90 以上	0.970	是
简约适配度指标			
PGFI 值	>0.50 以上	0.468	否
PNFI 值	>0.50 以上	0.583	是
PCFI 值	>0.50 以上	0.593	是
CN 值	>200	155	否
χ^2 自由度比	<3.00	2.663	是
AIC 值	理论模型值小于独立模型值，且同时小于饱和模型值	104.587 >90.000　104.587 <1273.986	否
CAIC 值	理论模型值小于独立模型值，且同时小于饱和模型值	210.179 <296.594　210.179 <1315.304	是

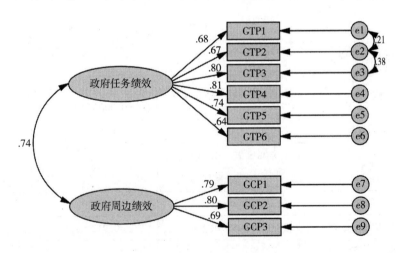

图 5.2　修正后政府绩效验证性因子分析模型

从表5.7可见，虽然 χ^2 显著，但是 χ^2/df 小于3，而且各项拟合指数均超过 0.90，同时，RMR 值小于 0.05，RMSEA 值小于

0.08，已达到良好的适配程度。这表明研究提出的假设模型与实际数据具有较好的契合度。图 5.2 即为修正后的政府绩效验证性因子分析模型。图中的路径系数均为标准化回归系数，所有路径系数均达到 0.01 的显著性水平，且因素负荷量最低都有 0.64，表示测量变量能较好地反映其要测得的构念特质。此外，政府任务绩效与政府周边绩效的相关系数为 0.74，说明两者作为政府绩效的不同组成部分既具有较紧密的联系，也存在一定的区别。

表 5.8　　　　　各潜变量的平均方差抽取量与组合信度

	平均方差抽取量	组合信度
政府信用能力	0.6295	0.8348
政府善心	0.5789	0.8728
政府诚信	0.5827	0.8743
政府任务绩效	0.5274	0.8692
政府周边绩效	0.5801	0.8049

此外，本研究中各潜变量的平均方差抽取量（average variance extracted）与组合信度（composite reliability）也得到了较好的满足，所有潜变量的平均方差抽取量都大于有关研究所建议的最小临界值 0.50（最小值是 0.5274），所有潜变量的组合信度值都明显大于有关研究所建议的最小临界值 0.60（最小值是 0.8049）。

综上所述，修正后的政府信用三维模型与政府绩效二维模型既拥有扎实的理论基础，也具有充分的经验证据，因而是完全成立的，可以作为结构方程模型分析的测量模型。

三　结构方程模型分析

结构方程模型（Structural Equation Modeling，SEM）方法是基于变量的协方差来分析变量之间关系的一种统计方法，它能够根据模型与数据关系的一致性程度，对理论模型进行适当的评价，从而验证概念模型中提出的研究假设。同时，结构方程模型也是一种可用于检验中介作用的严格的分析程序（Walker et al.，2011）。在对测量模型进行检验、修正使其符合结构方程建模的基本要求之后，研究将运用 AMOS 18.0 进行 SEM 分析[①]。

（一）初始结构方程模型

根据第三章构建的概念模型，本研究运用 AMOS 18.0 软件绘制了初始结构方程路径图（如图 5.3 所示），其中，潜变量用椭圆形表示，显变量用矩形表示，残差项用圆形表示，直接效果或单方向的路径关系用单向箭号表示，相关关系或共变关系用双向箭号表示。初始模型中共有 6 个潜变量和 24 个显变量。其中，政府信用能力、政府善心、政府诚信属于外生潜变量，分别对应 GA1 – GA3、GB1 – GB5、GI1 – GI5 共 13 个外生显变量，政府任务绩效、政府周边绩效、政府信任属于内生潜变量，分别对应 GTP1 – GTP6、GCP1 – GCP3、TIG1 – TIG2 共 11 个内生显变量。外生变量在模型中不受其他变量的影响，作为其他变量的"因"而存在，其值由外部输入，相当于自变量的概念。内生变量在模型中受其他变量的影响，其值由其他变量决定，相当于因变量的概念。除了潜变量与显变量，模型中还存在 e1 – e24 共 24 个显变量的残余变量和 e25、e26、e27 共 3 个潜变量的残差变量，它们的非标准化路径系数值默认为 1，其作用是为了保证模型的验证过程能够成立。

（二）初始结构方程模型拟合效果

通过 Amos Graphics 第一次 Calculate Estimates 计算过程，得到了初始结构方程模型估计的各个指标，表 5.9 列出了初始模型的拟合效果。

---

① 需要说明的是，由于某些县级行政区域的有效问卷数过少，研究在进行 SEM 分析时排除了这些样本，最终用于 SEM 分析的县级行政区域数为 162。

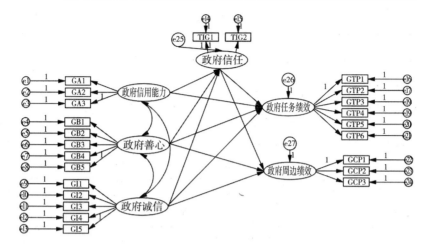

图 5.3　初始结构方程模型路径图

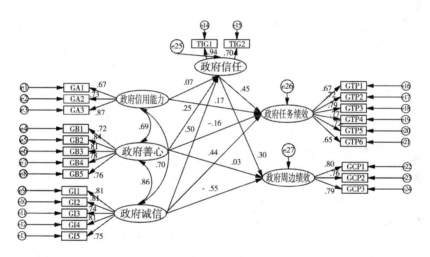

图 5.4　初始结构方程模型路径系数图

表 5.9　　　　　　　　初始结构方程模型拟合效果

统计检验量	适配的标准或临界值	检验结果数据	模型适配判断
绝对适配度指标			
χ^2 值	p＞0.05（未达显著水平）	561.468 （p＝0.000＜0.05）	否
RMR 值	＜0.05	0.064	否

统计检验量	适配的标准或临界值	检验结果数据	模型适配判断
RMSEA 值	<0.08（若<0.05 优良；<0.08 良好）	0.078	是
GFI 值	>0.90 以上	0.833	否
AGFI 值	>0.90 以上	0.790	否
增值适配度指标			
NFI 值	>0.90 以上	0.847	否
RFI 值	>0.90 以上	0.824	否
IFI 值	>0.90 以上	0.906	是
TLI 值（NNFI 值）	>0.90 以上	0.891	基本达到
CFI 值	>0.90 以上	0.905	是
简约适配度指标			
PGFI 值	>0.50 以上	0.664	是
PNFI 值	>0.50 以上	0.734	是
PCFI 值	>0.50 以上	0.784	是
CN 值	>200	111	否
χ^2 自由度比	<3.00	2.349	是
AIC 值	理论模型值小于独立模型值，且同时小于饱和模型值	683.468 >600.000 683.468<3727.407	否
CAIC 值	理论模型值小于独立模型值，且同时小于饱和模型值	952.850<1924.830 952.850<3833.394	是

表 5.10　　初始结构方程模型非标准化路径系数

	Estimate	S. E.	C. R.	P
政府信用能力→政府信任	.080	.100	1.697	.091
政府善心→政府信任	.322	.176	1.835	.067
政府诚信→政府信任	.637	.180	3.539	* * *
政府善心→政府周边绩效	.030	.136	.219	.827

续表

	Estimate	S. E.	C. R.	P
政府诚信→政府周边绩效	.560	.154	3.647	＊＊＊
政府信任→政府周边绩效	.236	.079	2.980	.003
政府信用能力→政府任务绩效	.130	.069	1.893	.058
政府善心→政府任务绩效	−.144	.121	−1.188	.235
政府诚信→政府任务绩效	.390	.135	2.833	.004
政府信任→政府任务绩效	.312	.076	4.081	＊＊＊

注：＊＊＊表示 p＜0.001

从表5.9的拟合效果来看，在自由度为239时，χ^2值在0.05的水平上显著，χ^2自由度比为2.349，已符合小于3的标准，RM-SEA、IFI、CFI等统计检验量的值已达到适配标准，然而GFI、AGFI、NFI、RFI、TLI等其他统计检验量的值尚小于0.90的适配标准，但差距并不是很大。这表明初始模型的拟合效果尚需要作进一步改进，以使之更符合问卷数据所反映的模型。表5.10列出了初始结构方程模型非标准化的路径系数，从表中可见大部分的路径系数都在p≤0.10的水平上达到统计显著性水平，但"政府善心→政府任务绩效"和"政府善心→政府周边绩效"两条路径系数未通过统计显著性检验，"政府善心→政府任务绩效"的路径系数为负，与理论预设相反，而"政府善心→政府周边绩效"路径系数的绝对值很小，仅为0.030。这反映出这两条路径的设置存在一定问题，无法与所得数据内含的关系相匹配。事实上，很少有模型经过一次运算就能够达到完美的拟合效果，其原因一方面包括构建的概念模型本身可能存在问题；另一方面可能是问卷收集数据所带来的偏差。因此，随后需要进行的工作就是通过微调初始模型，使之逐渐接近甚至达到各项指标都符合标准的理想状态。

（三）结构方程模型的初次修正

由于所构建的初始结构方程模型可能存在一些问题，因此需要对初始结构方程模型进行修正。AMOS 18.0 软件不仅给出了模型的检验结果，同时还给出了修正指标（Modification Indices）。某些变量的修正指标比较大，说明原来假设的模型没有考虑到这几个变量的共变关系，使得路径分析的条件无法达到，需要对模型作出修正，以承认这些变量之间的关系，主要是增加残差项之间的共变关系。综合考虑 AMOS 提供的修正指标以及初始结构方程模型的路径系数，研究者决定删除"政府善心→政府任务绩效"和"政府善心→政府周边绩效"两条影响路径，并增列残差项 e17 与残差项 e18、残差项 e20 与残差项 e21 及残差项 e22 与残差项 e24 之间的共变关系[1]，导入 SPSS 18.0 统计软件包中相应数据重新进行运行估计，模型拟合效果见表 5.11。

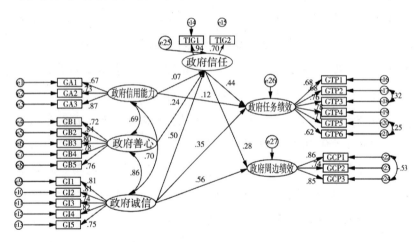

图 5.5　初次修正后的结构方程模型路径系数图

表 5.11　　　　初次修正后的结构方程模型拟合效果

统计检验量	适配的标准或临界值	检验结果数据	模型适配判断
绝对适配度指标			
χ^2 值	p > 0.05（未达显著水平）	522.497（p = 0.000 < 0.05）	否

---

①　虽然有些残差项间的 MI 值要大于本研究增列的残差项间的 MI 值，但由于它们不属于同一个潜变量因子，因此不能考虑增加相关性路径。

统计检验量	适配的标准或临界值	检验结果数据	模型适配判断
RMR 值	< 0.05	0.061	基本达到
RMSEA 值	< 0.08（若 < 0.05 优良；< 0.08 良好）	0.073	是
GFI 值	> 0.90 以上	0.842	否
AGFI 值	> 0.90 以上	0.801	否
增值适配度指标			
NFI 值	> 0.90 以上	0.858	基本达到
RFI 值	> 0.90 以上	0.835	否
IFI 值	> 0.90 以上	0.917	是
TLI 值（NNFI 值）	> 0.90 以上	0.903	是
CFI 值	> 0.90 以上	0.916	是
简约适配度指标			
PGFI 值	> 0.50 以上	0.668	是
PNFI 值	> 0.50 以上	0.740	是
PCFI 值	> 0.50 以上	0.790	是
CN 值	> 200	118	否
χ^2 自由度比	< 3.00	2.195	是
AIC 值	理论模型值小于独立模型值，且同时小于饱和模型值	646.497 > 600.000 646.497 < 3727.407	否
CAIC 值	理论模型值小于独立模型值，且同时小于饱和模型值	920.295 < 1924.830 920.295 < 3833.394	是

从表 5.11 可见，初次修正后的模型整体拟合效果逐渐趋好。TLI 值变为 0.903，达到了适配的标准，GFI、AGFI、NFI、RFI 等统计检验量的值也有不同程度的提高，与至少 0.90 的适配标准更加接近。此外，RMSEA 值降为 0.073，RMR 值降为 0.061，表明模型整体拟合优度有了一定提升。总的来看，模型整体表现得到了

明显改善，然而，少数统计检验量尚与适配标准有一定距离，AMOS 提供的修正指标也提示残差项之间的共变关系还有增列的必要。因此，研究者将再次对模型进行修正。

（四）结构方程模型的再次修正与确立

结构方程模型的调整并不是一两次就能够完全实现的，每次计算之后的模型，AMOS 在运算结果中都会专门给出相应的修正指标，然而，这些修正指标并非全部具有理论意义，某些修正指标甚至本身就是违背模型构建原则的，比如测量指标误差项对其他测量指标误差项的影响路径。所以，AMOS 提供的修正指标仅仅为模型调整提供了一种可供参考的选项，更重要的是要有理论上的依据。

由于考虑到组织成员的周边绩效有利于营造良好的组织氛围，进而有利于任职者任务绩效的完成以及整个组织绩效的提高（Borman and Motowidlo, 1993）。换句话说，周边绩效虽然不在公务员的工作说明书中，但它能够促进政府组织的整体绩效（陈胜军等，2012）。从日常生活的经验中也不难想见，公务员遵守各项规章制度和业务规程，并在行政过程中做到亲民爱民惠民，肯定会有利于政府部门更高效的运转，从而助力任务绩效的提升。综上所述，同时参考 AMOS 提供的修正指标，研究者决定增加"政府周边绩效→政府任务绩效"的影响路径，并增列残差项 e5 与残差项 e6、残差项 e7 与残差项 e8 之间的共变关系。之后，导入数据再次进行模型运算，运算结果如图 5.6、表 5.12 及表 5.13 所示。

从表 5.12 可见，再次修正之后结构方程模型的拟合效果有了进一步的提升。具体而言，RMR 值再次降低，为 0.058，基本达到了适配的标准；NFI 值再次提高，达到 0.864，也基本达到了适配的标准；RMSEA 值小幅下降至 0.071，维持在良好的适配程度。IFI、TLI、CFI 的值分别为 0.923、0.909、0.922，已明显高于 0.90 的临界值；GFI、AGFI、RFI 的值分别为 0.848、0.805、0.841，虽还未达到 0.90 的临界值，但已非常接近了。在适配度指标中，只有卡方

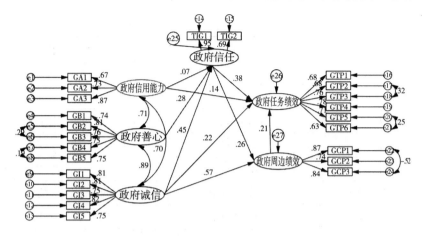

图 5.6 再次修正后的结构方程模型路径系数图

值仍然高度显著，明显不符合未达显著水平的适配要求。但正如在上一节中所指出的，在样本量很大的情况下，卡方值并不适合作为判断模型适配的主要标准。有关学者也指出，在 SEM 假设模型的适配评估中，分析的样本数如果较大，整体模型适配度的判别应参考 Amos 提供的九大类模型适配度指标进行综合判断（吴明隆，2010）。综合上文提到的指标适配情况，可以认为目前的结构方程模型已达到了较好的拟合优度，与实际数据具有良好的适配度。

表 5.12　　　再次修正后的结构方程模型拟合效果

统计检验量	适配的标准或临界值	检验结果数据	模型适配判断
绝对适配度指标			
χ^2 值	p > 0.05（未达显著水平）	499.457（p = 0.000 < 0.05）	否
RMR 值	< 0.05	0.058	基本达到
RMSEA 值	< 0.08（若 < 0.05 优良；< 0.08 良好）	0.071	是
GFI 值	> 0.90 以上	0.848	基本达到
AGFI 值	> 0.90 以上	0.805	否

统计检验量	适配的标准或临界值	检验结果数据	模型适配判断
增值适配度指标			
NFI 值	>0.90 以上	0.864	基本达到
RFI 值	>0.90 以上	0.841	否
IFI 值	>0.90 以上	0.923	是
TLI 值（NNFI 值）	>0.90 以上	0.909	是
CFI 值	>0.90 以上	0.922	是
简约适配度指标			
PGFI 值	>0.50 以上	0.664	是
PNFI 值	>0.50 以上	0.736	是
PCFI 值	>0.50 以上	0.785	是
CN 值	>200	122	否
χ^2 自由度比	<3.00	2.125	是
AIC 值	理论模型值小于独立模型值,且同时小于饱和模型值	629.457 > 600.000 629.457 < 3727.407	否
CAIC 值	理论模型值小于独立模型值,且同时小于饱和模型值	916.504 < 1924.830 916.504 < 3833.394	是

表 5.13 列出了再次修正后的结构方程模型非标准化路径系数,从表中可见目前模型中几乎所有路径系数均在 p≤0.10 的水平上达到统计显著性水平,表明目前所有路径在统计学意义上都是可接受的。

表 5.13　再次修正后的结构方程模型非标准化路径系数

	Estimate	S. E.	C. R.	P
政府信用能力→政府信任	.083	.070	1.797	.071
政府善心→政府信任	.374	.228	1.636	.102
政府诚信→政府信任	.587	.217	2.702	.007

续表

	Estimate	S. E.	C. R.	P
政府诚信→政府周边绩效	.626	.105	5.937	＊＊＊
政府信任→政府周边绩效	.222	.076	2.911	.004
政府信用能力→政府任务绩效	.112	.067	1.680	.093
政府诚信→政府任务绩效	.197	.112	1.761	.078
政府信任→政府任务绩效	.267	.073	3.655	＊＊＊
政府周边绩效→政府任务绩效	.175	.079	2.219	.026

注：＊＊＊表示 p < 0.001

综上所述，模型经过两次修正后，各项拟合指标均已基本符合适配标准，并且较初始模型和初次修正后的模型整体拟合优度有了大幅改善，也更具有理论依据和现实意义。因此，本研究将再次修正后的模型确定为最终的结构方程模型。

（五）假设检验与结果讨论

根据结构方程模型的整体拟合情况及各潜变量之间路径系数的统计检验结果，便可判断研究假设的成立与否。表 5.14 列出了本研究中所有假设的检验情况汇总，总的来看大部分研究假设都得到了支持。

表 5.14　　　　　假设检验情况汇总表

假设	假 设 内 容	检验情况
H_{1a}	政府信用能力对政府任务绩效具有显著正向的影响	证实
H_{1b}	政府善心对政府任务绩效具有显著正向的影响	否定
H_{1c}	政府善心对政府周边绩效具有显著正向的影响	否定
H_{1d}	政府诚信对政府任务绩效具有显著正向的影响	证实
H_{1e}	政府诚信对政府周边绩效具有显著正向的影响	证实
H_{2a}	政府信用能力对政府信任具有显著正向的影响	证实
H_{2b}	政府善心对政府信任具有显著正向的影响	证实

假设	假设内容	检验情况
H_{2c}	政府诚信对政府信任具有显著正向的影响	证实
H_{3a}	政府信任对政府任务绩效具有显著正向的影响	证实
H_{3b}	政府信任对政府周边绩效具有显著正向的影响	证实
新增	政府周边绩效对政府任务绩效具有显著正向的影响	证实

假设 H_{1a} 被证实：政府信用能力与政府任务绩效密切相关，政府信用能力确实有助于政府任务绩效的提高。

假设 H_{1b} 被否定：政府善心与政府任务绩效之间理论预设的影响路径并不存在，即假设被证伪。

假设 H_{1c} 被否定：政府善心与政府周边绩效之间理论预设的影响路径并不存在，即假设被证伪。

假设 H_{1d} 被证实：政府诚信与政府任务绩效密切相关，政府诚信确实有助于政府任务绩效的提高。

假设 H_{1e} 被证实：政府诚信与政府周边绩效密切相关，政府诚信确实有助于政府周边绩效的提高。

假设 H_{2a} 被证实：政府信用能力与政府信任密切相关，政府信用能力确实有助于政府信任的提升。

假设 H_{2b} 被证实：政府善心与政府信任密切相关，政府善心确实有助于政府信任的提升。

假设 H_{2c} 被证实：政府诚信与政府信任密切相关，政府诚信确实有助于政府信任的提升。

假设 H_{3a} 被证实：政府信任与政府任务绩效密切相关，政府信任确实有助于政府任务绩效的提高。

假设 H_{3b} 被证实：政府信任与政府周边绩效密切相关，政府信任确实有助于政府周边绩效的提高。

修正过程中新增的假设被证实：政府周边绩效与政府任务绩效密切相关，政府周边绩效确实有助于政府任务绩效的提高。

　　表 5.15 是在 AMOS 输出的运算结果基础上整理而成的潜变量间影响路径各项效果值一览表，表中的效果值均为标准化的估计值。从表中可见，所有影响路径其实可归纳为三大类，即对政府信任、政府周边绩效、政府任务绩效 3 个内生潜变量的影响。下面本研究将分别从这 3 个方面进行分析论述及推理探讨。

表 5.15　　　　　　　　　潜变量间影响路径效果值一览表

	直接效果	间接效果	总效果值
政府信用能力→政府信任	0.072	—	0.072
政府善心→政府信任	0.284	—	0.284
政府诚信→政府信任	0.449	—	0.449
政府信用能力→政府周边绩效	—	0.019	0.019
政府善心→政府周边绩效	—	0.075	0.075
政府诚信→政府周边绩效	0.570	0.118	0.689
政府信任→政府周边绩效	0.263	—	0.263
政府信用能力→政府任务绩效	0.140	0.031	0.172
政府善心→政府任务绩效	—	0.124	0.124
政府诚信→政府任务绩效	0.216	0.316	0.532
政府信任→政府任务绩效	0.381	0.055	0.437
政府周边绩效→政府任务绩效	0.211	—	0.211

　　从对政府信任的影响来看，政府信用能力、政府善心、政府诚信对其都具有显著正向的影响且影响强度依次增大，共解释了该内生潜变量 60% 的变异，这与理论预设总体相符但又令人略感意外。

　　说其意外是因为结果显示政府信用能力对政府信任的影响最小，仅为 0.072，这与人们通常的看法及以往对私营组织的研究结果并不一致。如 Colquitt 等人（2007）的元分析结构方程建模表明能力对信任的影响最为强烈，路径系数高达 0.39，而本研究中对政府信任影响最大的是政府诚信，其影响强度是政府信用能力的 6.24 倍。为什么会出现这种有趣的反差呢？这很可能与政府作为公共组织所特有的属性有关。罗尔斯（1988）指出，"正义是社会制度的首要价值，正像真理是思想体系的首要价值一样"。根据社会契约理论，国家产生于公民的协商和同意，其权力来源于公民权利的合理让渡，国家是为了谋求社会大众幸福，实现社会公共利益而存在的，政府只不过是人民行使主权的工具，而当政府违背了人民的意愿时，人民就可以收回这种权力。社会契约理论对近代以来人类社会政治发展产生了重大的影响，依据这种思想，人们采取了一系列措施来限制并规范政府的权力，以确保政府成为公平正义的化身。因此，制度的规范性，程序的公平性，办事的公正性对于政府在人们心中形象的形成便具有至关重要的作用。所以，程序公平社会心理学对于解释公众的政府信任状况便具有很大的价值。Lind和 Tyler（1988）在其名著《程序公平的社会心理学》中指出"政治体系和法律体系一样也是制度和规则的集合……如在司法行动中一样，公民在就他们对预算配置、社会政策或经济政策的满意度作出判断时，也会考虑到这些决定所产生的过程。对程序公平的关注也会影响到公民对政治领袖和政府体制的评价。"Tyler（2001）进一步发展了这一理论，他在总结自己的研究发现时指出"人们对政府的评价显然与道德判断有着密切关系。人们主要不是从与政府打交道时自己的得失或政策合意性去评价政府。相反，人们是从个人得失及政策合意性之外的正义的标准去看待政治领导人和政府机构的行为，并在此基础上形成对政府的整体评价。"换句话说，对政府的认可程度主要由政府行政过程与人们所期望的过程相匹配的程度来决定（Hibbing and Theiss-Morse, 2002）。近年来该领域的实证研究也证明了这一点。Van Ryzin（2011）认为以往研究过于强调政府绩效对于政府信任的作用，而忽视了政府行政过程（如行政行为是否公平、公正、诚实、尊重公民等）对民众政府信任态度形成的影响。在理论分析基础上的实证研究，无论是个体层面的结构方程分析，还是国家层面的路径分析，都表明行政过程较之于行政结果对于公众的政府信任将产生更重大的影响。Herian 等人

（2012）对美国林肯市预算制定过程的跟踪研究同样也发现程序的公平性增强了公众对当地政府及其决策的支持度。对中国的研究同样也发现了类似的结论。张光等（2010）的研究表明，中国农民对村委会选举合法性的评价，受程序公平和分配的公平的影响，要远远超过受他们的个人利害的影响。2014 年，笔者在县市调研"三改一拆"推进情况与实施成效时，接受访谈的村民和干部就多次提到，只有在拆违过程中坚持程序公正，"一碗水端平"公平贯彻有关拆违政策，老百姓才会服气，工作才能顺利推进。"公生明，廉生威"，这从一个侧面反映出公平正义对于赢得民心，维系政府信任的特殊重要性。通过以上分析，就不难理解为何会是政府诚信对政府信任的影响强度最大了。因为本研究中政府诚信的测度指标主要反映的就是政府遵纪守法、依规办事、公正无偏的特质，在很大程度上体现了政府的行政过程是否符合程序正义的标准。尤其在复杂多变的当今社会，公众普遍缺少专业知识或精力去理解复杂的政府运作过程。在这种情况下，政府程序公平的重要性更加凸显，因为它提供了关于政府以何种方式工作的关键信息（Herian et al.，2012）。

在政府诚信之后，一方面，政府善心对政府信任的影响强度为0.284，政府善心体现了政府是否有履约践诺的真诚意愿，是否真心实意为人民利益而服务，其将决定政府具有的信用能力是否能够以"公器公用、天下为公"的方式得到合理的运用；另一方面，上文的分析也显示目前中国地方政府的善心状况不容乐观，平均得分在政府信用的三个维度中最低。这种低水平也从一个侧面反映出公众对政府善心的期待与渴望。所以，政府善心对公众政府信任状况也会产生较大的影响。

改革开放之后，一方面，地方政府的信用能力有了明显的提高，这种硬实力提升相对较快，给公众带来了一定的好处，也吊高了公众的胃口；另一方面，某些地方政府没有合理运用这种能力，增强的信用能力反而助长了地方政府不讲信用乃至以权谋私。因而，民众对政府信用能力的变化不甚敏感，导致其影响强度反而最小。当然，这与基于问卷调查的数据采集方式可能也有一定的关系。

从对政府周边绩效的影响来看，政府诚信对其既有直接影响，又有间接影响，影响强度最大，达到 0.689。接下来政府信任的影响次之，达到 0.263。政府善心和政府信用能力的影响强度分别为 0.075、0.019，位居最后两位。

与对政府信任的影响强度排序一样，政府诚信也是政府周边绩效最有力的预测变量，仅直接作用强度就有 0.570。就像在第三章中所指出的那样，政府的诚信品质是政府行政文化的重要组成部分。组织内部依规办事、诚实守信、廉洁奉公的氛围会唤起公务员的组织归属感，使公务员在工作中作出更多的组织公民行为与亲社会行为，一旦当某些公务员率先作出表率后，其他公务员往往会受到感染，随之也体现出更多的组织公民行为与亲社会行为。而一个组织内部组织公民行为与亲社会行为发生的频率越高，越会强化其作为组织规范或文化的一部分，这样更加鼓励这些行为的发生，形成一个良好的循环（巴隆等，2011），从而刺激周边绩效的提高。实证研究结果表明，程序的公平能增加公共部门雇员的工作满意度，降低他们跳槽的意愿，激发工作的热情，最终增加公共组织的价值（Rubin，2009）。此外，政府诚信还可通过对政府信任的作用间接促进周边绩效的提高。所以，政府诚信会对政府周边绩效产生如此大的影响。

政府信任是政府与公众之间的情感纽带，良好的政府信任关系有利于塑造政府与人民间的鱼水情，激励公务员更努力地工作，以回报公众的信任，从而表现出更高的周边绩效。因此，政府信任会对政府周边绩效产生一定的直接影响。

此外，由于政府善心和政府信用能力只能通过政府信任间接作用于政府周边绩效，且其对政府信任的直接影响也并不算强烈，所以其对政府周边绩效的影响就更为微弱。

政府任务绩效被其他潜变量共解释了 70% 的变异，从对其的影响强度来看，政府诚信的直接影响虽然不是很大，但总体影响仍然是最强的，达到 0.532；其次是政府信任，总体影响有 0.437，接下来依次是政府周边绩效、政府信用能力及政府善心。

政府诚信对政府任务绩效的直接作用强度是 0.216，约占其总体影响的 2/5。这种直接作用也可借由程序公平社会心理学得到较好的解释。公众通过与公共部门打交道积累起来的关于对方公平行事的经验有助于政府建立合法性，维持社会秩序，争取公民合作，特别有助于在危机时期说服公众做出暂时的牺牲（Tyler，2006）。而办事公正、诚实无欺等正是政府诚信的核心特质，所以政府诚信对政府任务绩效具有一定的直接作用。政府诚信对政府任务绩效的大部分影响是通过政府周边绩效的中介作用而实现的。这种中介作用的前一半是政府诚信对政府周边绩效的作用，这种作用机理在上文中已具体阐述，在此就不再赘述。

这种中介作用的后一半是政府周边绩效对政府任务绩效的作用，其影响强度为 0.211。以往大量研究都表明，组织中周边绩效行为，例如利他、助人、合作等行为，发生得越频繁，无论是质量上还是数量上的组织绩效都会随之提高（Podsakoff et al.，2000）。政府组织中同样也存在这一规律。不少地方政府的管理实践生动地说明了这一点。例如，嘉善县城市管理行政执法局在努力做好城市管理本职工作的同时，还主动做好"分外事"，切实做到"用脚丈量管理的长度、用心打造服务的精度"。仅 2011 年，在执法巡查中现场协助抓获小偷 12 名，协助社区调解居民矛盾纠纷 7 起，第一时间服务受伤群众、送迷路小孩回家等好人好事 157 起。这些频繁发生的周边绩效行为不仅没有拖累其任务绩效的完成，反而树立起了城管亲民爱民的形象，使群众对城管的工作更理解支持，从而也促进了任务绩效水平的提高，得到了社会各界的普遍好评。

政府信任对政府任务绩效的直接作用达到 0.381，在所有潜变量中是最大的。这充分说明了政府信任对于政府顺利履职践约的重大意义。在提出假设时，通过文献回顾与理论分析，研究者指出政府信任有利于降低政策的执行成本，有利于增强行政管理的灵活性，有利于政府获取决策所需的各种信息，有利于政府获取行政活动的必要资源，所以将会对政府任务绩效产生明显的促进作用。结构方程模型分析结果再次确认了这一点，同时较大的路径系数更说明这种影响是极其显著的。

　　政府信用能力对政府任务绩效的直接作用强度达到 0.14。虽然在模型中相比其他潜变量而言作用强度并不是很大，但在现实生活中毫无疑问政府信用能力是实现高水平政府任务绩效的基础与保障。政府在履行职能的过程中，只有依赖良好的信用能力，才能顺利实行或有效执行，产生较高的政府任务绩效。缺乏信用能力的政府即使拥有再多的善心与诚信，那也只能是空中楼阁。换句话说，政府善心与政府诚信只有以信用能力为基础才能真正影响政府任务绩效，甚至可以说，政府信用能力高低决定了政府在一定时期内完成任务时的总体产出和综合质量。《瞭望》2011 年第 34 期的封面文章就曾指出，有些领导干部在民生保障等事关群众切身利益的重大决策上，缺乏统筹兼顾，不顾实际承受能力，结果导致所谓的民生投入往往因为没有可持续性而打水漂（慎海雄，2011）。这正是当前某些地方政府信用能力不足导致任务绩效低下的典型写照，也提示我们不可脱离政府信用能力空谈政府的善心。

　　最后，政府善心对政府任务绩效的作用强度为 0.124，这种作用是通过政府信任的完全中介作用而发挥的。

　　总体而言，分析结果证明政府信用对于政府绩效具有积极的促进作用，而其中政府诚信对于政府信任、政府周边绩效、政府任务绩效的影响强度都是最大的。这与目前中国县级政府所处的改革阶段应该是相符的。

　　改革开放以来，我国行政管理体制改革已经取得重大进展，政府职能已从无所不包转变为突出核心职能，从而使履职能力得到了有效增强。但是，目前的行政管理体制还存在着诸多问题，不能完全适应深化改革和社会发展的需要。在新的历史条件下，党的十八大报告在论述行政体制改革时强调"推动政府职能向创造良好发展环境、提供优质公共服务、维护社会公平正义转变"。党的十八届三中全会明确提出在全面深化改革的新阶段"政府的职责和作用主要是保持宏观经济稳定，加强和优化公共服务，保障公平竞争，加强市场监管，维护市场秩序，推动可持续发展，促进共同富裕，弥补市场失灵"。党的十八届四中全会指出依法治国是实现国家治理体系和治理能力现代化的必然要求，依法执政是党治国理政的基本方式，一方面，要求规范和约束公权力；另一方面，要求推进多层次多领域依法治理。由此可见，在今后一段时期内，行政管理体制改革的重点将转向职能转变和职能配置的领域（高小平，2012）。换句话说，当前在地方层面进一步推进政府治理现代化的主要任务在于改革和完善政府运行机制，规范约束政府行为，提升政府有效治理水平。

　　而为了实现这一目标，就必须优化行政流程，改进管理方式，做到依法行政、公开透明、廉洁高效、公正有序等，也就是要通过强化政府诚信、政府善心以增强政府治理的软实力。事实上，经过30多年的发展建设，地方政府在硬实力上获得了长足进步，所掌握的资源大大增加，政府的财政能力、组织能力、宏观调控能力、市场监管能力、社会管理能力不断增强（最典型的体现是地方财政收入从1978年的956.49亿元飙升至2013年的69011.16亿元，增长了72倍多）。作为地方政府中关键一级的县级政府其硬实力提升同样十分迅速，特别是扩权强县和省直管县的改革进一步助推了县级政府硬实力的发展。但与硬实力的快速增强相比，地方政府在软实力培育方面较为滞后，政府诚信、政府善心水平普遍不高。针对这种状况，沿海发达地区的政府近年来纷纷推出了旨在提高公共权力制度化、规范化、程序化运行的创新实践，如政府管理标准化、权力阳光运行机制、推行政府权力清单、责任清单制度等。此外，当前社会不公日益加剧的情况下公众更加期待政府能维护社会公平正义，创造一个和谐、公正、公平的社会环境。因此，在目前

阶段，在以东部地区县级政府为主要调查对象的情况下，分析发现
以合规性、公平性为核心内涵的政府诚信才是政府信任和政府绩效
提升的主要动力，而非以往普遍认为的政府能力。

四　分地区路径分析

从上一章对样本的描述性统计分析可见，不同地区县级政府的
信用水平、绩效水平存在着显著性差异。这种状况暗示人们不同地
区政府信用与政府绩效的关联机理可能也会有所不同。本节就将分
别考察东、中、西部三大地区政府信用与政府绩效的关联机理。由
于中部地区和西部地区有效问卷覆盖的县级行政区域相对较少，很
难达到结构方程模型分析样本容量为测量指标数 5 倍的要求，所以
研究将采用路径分析的方法。

研究首先对东部地区政府信用与政府绩效关联机理进行路径分
析。在路径分析之前，先以方差最大旋转法抽取各个潜变量的因
子。其次，以因子值作为观测变量进行路径分析。路径分析先以再
次修正后的结构方程模型作为初始模型，结果发现政府周边绩效对
政府任务绩效的影响路径不显著。在删除这条影响路径之后重新进
行了路径分析，结果模型拟合效果有了明显改善（如表 5.16、
表 5.17、图 5.7 所示）。

表 5.16　　　　　　东部地区路径分析模型拟合效果

统计检验量	适配的标准或临界值	检验结果数据	模型适配判断
绝对适配度指标			
χ^2 值	p > 0.05（未达显著水平）	8.227 （p = 0.084 > 0.05）	是
RMR 值	< 0.05	0.025	是
RMSEA 值	< 0.08（若 < 0.05 优良； < 0.08 良好）	0.079	是

续表

统计检验量	适配的标准或临界值	检验结果数据	模型适配判断
GFI 值	> 0.90 以上	0.985	是
AGFI 值	> 0.90 以上	0.920	是
增值适配度指标			
NFI 值	> 0.90 以上	0.986	是
RFI 值	> 0.90 以上	0.947	是
IFI 值	> 0.90 以上	0.993	是
TLI 值（NNFI 值）	> 0.90 以上	0.972	是
CFI 值	> 0.90 以上	0.993	是
简约适配度指标			
PGFI 值	> 0.50 以上	0.188	否
PNFI 值	> 0.50 以上	0.263	否
PCFI 值	> 0.50 以上	0.265	否
CN 值	> 200	194	基本达到
χ^2 自由度比	< 3.00	2.057	是
AIC 值	理论模型值小于独立模型值, 且同时小于饱和模型值	42.227 > 42.000 42.227 < 590.680	否
CAIC 值	理论模型值小于独立模型值, 且同时小于饱和模型值	112.435 < 128.728 112.435 < 615.459	是

表 5.17　　　　　　　东部地区路径分析系数表

	Estimate	S.E.	C.R.	P
政府信用能力因子→政府信任因子	.041	.075	1.780	.075
政府善心因子→政府信任因子	.177	.093	1.905	.057
政府诚信因子→政府信任因子	.477	.102	4.686	* * *
政府诚信因子→政府周边绩效因子	.525	.071	7.397	* * *.
政府信任因子→政府周边绩效因子	.243	.071	3.427	* * *

续表

	Estimate	S. E.	C. R.	P
政府信用能力因子→政府任务绩效因子	.394	.067	5.886	＊＊＊
政府诚信因子→政府任务绩效因子	.240	.079	3.041	.002
政府信任因子→政府任务绩效因子	.232	.069	3.382	＊＊＊

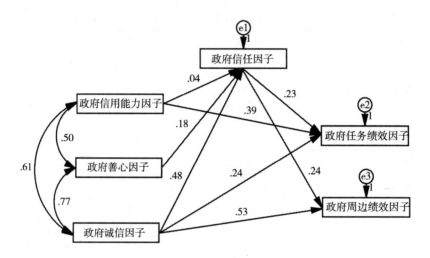

图 5.7　东部地区路径分析模型系数图

　　同理，对中部地区和西部地区政府信用与政府绩效关联机理进行了路径分析。中部地区路径分析拟合效果较为理想，而西部地区可能由于样本量偏少，数据波动性较大，导致模型拟合效果很一般，甚至还出现了两条路径系数的值为负的情况。

表 5.18　　　　　　　中部地区路径分析拟合效果

统计检验量	适配的标准或临界值	检验结果数据	模型适配判断
绝对适配度指标			
χ^2 值	p＞0.05（未达显著水平）	0.369（p＝0.947＞0.05）	是
RMR 值	＜0.05	0.008	是

续表

统计检验量	适配的标准或临界值	检验结果数据	模型适配判断
RMSEA 值	<0.08（若<0.05优良；<0.08良好）	0.000	是
GFI 值	>0.90以上	0.998	是
AGFI 值	>0.90以上	0.986	是
增值适配度指标			
NFI 值	>0.90以上	0.998	是
RFI 值	>0.90以上	0.991	是
IFI 值	>0.90以上	1.012	是
TLI 值（NNFI 值）	>0.90以上	1.066	是
CFI 值	>0.90以上	1.000	是
简约适配度指标			
PGFI 值	>0.50以上	0.143	否
PNFI 值	>0.50以上	0.200	否
PCFI 值	>0.50以上	0.200	否
CN 值	>200	1272	是
χ^2 自由度比	<3.00	0.123	是
AIC 值	理论模型值小于独立模型值，且同时小于饱和模型值	36.369 <42.000 36.369 <227.409	是
CAIC 值	理论模型值小于独立模型值，且同时小于饱和模型值	92.364 <107.328 92.364 <246.074	是

表 5.19　　　　　　　　　中部地区路径分析系数表

	Estimate	S. E.	C. R.	P
政府信用能力因子→政府信任因子	.059	.137	1.830	.066
政府善心因子→政府信任因子	.248	.167	1.995	.047
政府诚信因子→政府信任因子	.379	.158	2.400	.016
政府诚信因子→政府周边绩效因子	.420	.117	3.600	* * *

续表

	Estimate	S. E.	C. R.	P
政府信任因子→政府周边绩效因子	.353	.117	3.026	.002
政府信用能力因子→政府任务绩效因子	.198	.103	1.916	.055
政府诚信因子→政府任务绩效因子	.296	.129	2.291	.022
政府信任因子→政府任务绩效因子	.329	.118	2.791	.005

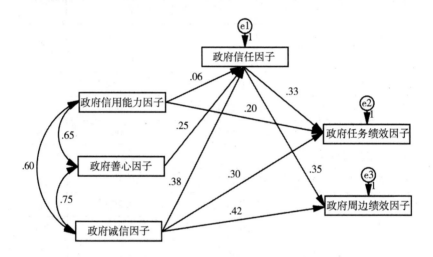

图 5.8　中部地区路径分析模型系数图

表 5.20　　　　　　　西部地区路径分析拟合效果

统计检验量	适配的标准或临界值	检验结果数据	模型适配判断
绝对适配度指标			
χ^2 值	p > 0.05（未达显著水平）	7.895（p = 0.095 > 0.05）	是
RMR 值	< 0.05	0.027	是
RMSEA 值	< 0.08（若 < 0.05 优良；< 0.08 良好）	0.162	否
GFI 值	> 0.90 以上	0.940	是
AGFI 值	> 0.90 以上	0.684	否

统计检验量	适配的标准或临界值	检验结果数据	模型适配判断
增值适配度指标			
NFI 值	>0.90 以上	0.984	是
RFI 值	>0.90 以上	0.805	否
IFI 值	>0.90 以上	0.974	是
TLI 值（NNFI 值）	>0.90 以上	0.894	基本达到
CFI 值	>0.90 以上	0.972	是
简约适配度指标			
PGFI 值	>0.50 以上	0.179	否
PNFI 值	>0.50 以上	0.253	否
PCFI 值	>0.50 以上	0.259	否
CN 值	>200	45	否
χ^2 自由度比	<3.00	1.974	是
AIC 值	理论模型值小于独立模型值,且同时小于饱和模型值	41.895 <42.000 41.895 <164.174	是
CAIC 值	理论模型值小于独立模型值,且同时小于饱和模型值	86.734 <97.389 86.734 <180.000	是

表 5.21　　　　西部地区路径分析系数表

	Estimate	S.E.	C.R.	P
政府信用能力因子→政府信任因子	-.016	.106	-.147	.883
政府善心因子→政府信任因子	.434	.137	3.173	.002
政府诚信因子→政府信任因子	.476	.125	3.811	***
政府诚信因子→政府周边绩效因子	.969	.143	6.788	***
政府信任因子→政府周边绩效因子	-.219	.143	-1.536	.125
政府信用能力因子→政府任务绩效因子	.109	.077	1.409	.159
政府诚信因子→政府任务绩效因子	.416	.113	3.675	***
政府信任因子→政府任务绩效因子	.150	.115	1.301	.193

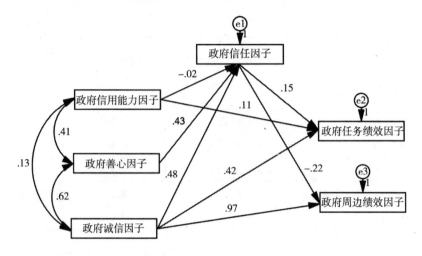

图 5.9   西部地区路径分析模型系数图

　　总的来看，不同地区路径分析的结果与所有地区结构方程
模型分析的结果是基本一致的。从对政府信任的影响来看，政
府诚信的影响强度在三大地区中都是最大的；其次为政府善
心，政府信用能力的影响强度最小。所不同的是中部地区地方
政府诚信的影响强度没有超过 0.4，小于东部地区和西部地区；
而东部地区地方政府善心的影响强度仅为 0.177，明显小于中
部地区和西部地区。就像在上一章中所指出的那样，这应该与
东部地区政府转型起步早，创新实践活跃，政府政策能较好体
现民意有直接关系。从对政府周边绩效的影响来看，政府诚信
的影响在三大地区中都是最大的，接下来是政府信任。这种影
响模式与结构方程模型中的模式是一致的，说明政府内部运转
的合规性与公平性对公务员是否表现出周边绩效行为有重大影
响。从对政府任务绩效的影响来看，不同地区的影响方式不尽
相同。东部地区政府信用能力的影响强度最大，中部地区政府
信任的影响强度最大，而西部地区政府诚信的影响强度最大。
这可能与不同地区的发展水平、发展阶段有一定联系。东部地
区经济最发达，政府的资源多，能力强，所以信用能力对任务
绩效具有很强的"驱动力"；而中部地区与西部地区发展水平

相对落后，政府能力较为薄弱，在完成职能的过程中可能更有赖于政府减少浪费，争取公众配合等"巧实力"，所以其他变量的影响就会相对大一些。

第六章　基于系统动力学的政府信用与政府绩效关联机理研究

上一章运用多种统计方法对政府信用与政府绩效的内在关联机理进行了深入揭示，取得了良好的效果，但这种分析是基于横截面数据进行的，反映的是当前时间点下政府信用对政府绩效特定的影响机理。然而，时间是不断推移的，政府信用对政府绩效的影响方式也不会一成不变。若要对两者关系的演变历程进行描述分析，就需要引入仿真模拟的方法。20世纪后半期以来，建立在现代科学技术发展基础上的仿真模拟方法，已成为研究人类社会的重要方法（Axelrod，1997）。仿真模拟方法不仅能够对事物进行深入描述，而且能够揭示客观事物产生的原因及其演化的历程，并预测其未来的发展趋势（罗卫东、程奇奇，2009）。本章将运用 Vensim 软件建立政府信用与政府绩效关联机理的系统动力学模型，对政府信用与政府绩效之间的关系进行仿真模拟分析，并对其发展趋势进行预测。

一　系统动力学的概念及基本原理

系统观是指以系统的观点看待自然界，揭示了自然物质系统的整体性、关联性、开放性、动态性和自组织性。系统指的是相互作用、相互依赖的一群事物按照某些规律组成的集合。从具体应用的角度来看，系统应包含以下几个方面：首先，系统是一系列有组织的对象的集合。其次，必须包含一种组织和规划对象的方法。由于一切事物都是相互作用、相互联系的，可以说任何事物都处于一定的系统之中，对事物所处的系统进行分析可以实现对事物更深刻的认识。

系统动力学（System Dynamics）是美国麻省理工学院的 Jay W. Forrester 教授在 1956 年创立的一门学科。它是系统科学中的一个分支，通过计算机技术来对系统结构进行仿真，寻找系统的较优结构，以求得较优的系统行为。Forrester（1980）指出，"描述某些事物的一组法则与关系就是该事物的模型"。系统动力学建模的目标是显示系统动态行为的特性，而不是用来预测某一事件的发生。当然，系统动力学研究的最终目标并不是建立模型，而是通过建立模型深入认识、分析现实系统，进而提出改善系统绩效的切实可行的策略建议。

系统动力学认为，系统的基本结构单元是反馈回路，即耦合系统的状态、速率（或称决策）与信息的一条回路。回路是组成系统的基本结构单元。系统动力学主要研究复杂问题的反馈过程。系统动力学认为，动态行为是系统结构的一个结果，导致事物随时间变化的根源是系统内在的反馈结构而非系统外部的作用力。系统动力学从系统的微观结构出发建立系统的结构模型，用回路描述系统结构框架，用因果关系图和流图描述系统要素之间的逻辑关系，用方程描述系统要素之间的数量关系，用专门的仿真软件进行模拟分析。整个分析过程从定性、半定量、定量，最后又把定量的数学模型简单地转换成计算机程序，利用计算机进行最终仿真分析。对系统内部不同的参数进行调整后模拟，可以实现不同参数下系统不同的运行效果。系统动力学仿真模拟结果是提出改善系统运行绩效的建议的基础。概括而言，系统动力学的建模过程如图 6.1 所示。

从图 6.1 可见，系统动力学建模主要包括六个基本步骤：识别研究问题、确定系统边界、绘制因果关系图、绘制系统流图、仿真实验与政策分析。系统动力学在建模的初期必须要识别研究的问

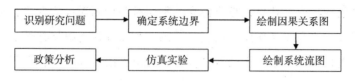

图 6.1   系统动力学建模基本步骤

题，换句话说就是要明确研究的目的。如本章旨在分析揭示政府信用对政府绩效的影响机理。在明确研究问题的基础之上，研究方可以继续开展。

二   政府信用与政府绩效关联机理的 SD 概念模型

由于问卷调查数据不适合进行 SD 模拟分析，所以本节将选取合适的统计指标以代表政府信用、政府绩效，在理论上阐明政府信用与政府绩效关联机理并合理界定系统边界、系统结构的基础上绘制政府信用与政府绩效关联机理的因果关系图。

（一）指标选取与理论分析

政府信用作为政府的行政品质及无形资产，在统计年鉴中并没有直接刻画政府信用的数据指标，一个近似的指标是"行政管理费"。然而这个指标刻画政府信用也存在一些局限。一是它无法反映出政府信用能力的强弱；二是它也包括正常的人员经费和公用经费。尽管如此，这个指标依然是目前为止能找到反映政府信用的最接近的指标。因为数额庞大、增长迅速的行政管理费之下普遍存在着铺张浪费甚至暗藏着腐败行为。这会直接侵蚀政府的善心与诚信，影响政府正常职能及对公众承诺的履行。在学术界，已有不少实证文献用"行政管理费"来刻画政治治理，比如张军等（2007）把行政管理费作为解释变量来分析政府治理对公共基础设施投资的影响。楼国强（2010）利用行政管理费作为被解释变量以检验地区之间的竞争对政府治理的影响。因此，本章也将采用行政管理费这一指标作为政府信用的测量变量。

至于政府绩效，本章将用人均 GDP 增长率、人均 GDP 来测度。人均 GDP 增长率反映了发展的速度，人均 GDP 则反映出发展的水平。这两个指标也是国内政府绩效评估研究中常用的指标，如范柏乃和朱华（2005）、倪星（2007）、尚虎平（2013）等。

经济问题一直是各国政府关注的焦点，促进经济增长是政府宏观经济政策最重要的目标。19 世纪末以来学者们就开始研究财政支出与经济增长的关系，但关于财政支出结构的研究并不多。直到1954 年，著名经济学家萨缪尔森发表了经典论文《一个关于政府支出的纯理论》，对公共产品供给理论进行了完整的描述，才使得政府支出的研究真正融入财政学领域。在关于政府支出与经济增长的关系上，西方经济学把政府支出区分为生产性支出（productive expenditure）和非生产性支出（unproductive expenditure）两种。通常认为生产性支出对经济增长具有正向作用，非生产性支出对经济增长具有负向作用。因为生产性公共支出规模越大，资本和劳动的边际回报率越高，从而家庭储蓄和劳动的积极性越高，这会直接促进经济增长（严成樑、龚六堂，2009）。

然而，实证研究的结论却并不总是支持这一观点。以往研究发现生产性公共支出并非总能促进经济增长，且经济发展水平不同的国家，生产性公共支出对经济增长的影响差别较大。Barro（1991）明确区分了财政支出中的非生产性政府消费和生产性公共投资，其分析结果表明公共消费对人均 GDP 产生显著的负面影响，而公共投资对人均 GDP 有正面的影响，但统计上不显著。Devarajan 等人（1996）通对 43 个发展中国家 20 年的统计数据进行面板数据的回归分析后，发现传统的生产性支出在总支出中的比例与经济增长负相关，而非生产性支出却与经济增长正相关，而且发展中国家大量的生产性支出并没有带来预期的经济增长。Gupta（2005）通过对39 个低收入国家的数据进行回归分析后发现，将财政支出主要用于公务人员工资的国家具有较低的经济增长率，而将财政支出主要用于资本品和非工资的国家经济增长率较高。国内学者对中国财政支出经济增长效应的研究结果也非常不一致。王小利（2005）认为，政府的非税收入和消费性支出对经济增长有正的长期效应，而公共投资对其却没有很明显的作用。付文林（2006）在对中国公共支出相关变量的长期增长效应进行分析时发现，实际经济增长率与公共支出的 GDP 占比呈反向变动关系，政府经济建设性支出比重增加会提高 GDP 增长率，而文教费和维持性支出比重与 GDP 增长率之间有着负向的双向因果关系。严成樑、龚六堂（2009）的研究表明我国生产性公共支出并不一定总能促进经济增长，而且生产性公共支出对经济增长的影响存在地区差异。这可能是因为生产性公共支出的规模超出了地区经济的适可范围或是生产性公共支出的使用效率较低。

　　不过，不管我国的生产性公共支出到底对于经济增长起到了何种作用，有一点是可以肯定的，即在公共支出规模既定时，非生产性公共支出的比重增加势必会对生产性公共支出产生"挤出"效应。尽管部分实证研究表明非生产性支出与经济增长有正相关关系，但从本质上来说非生产性公共支出的正外部性相对较小，其最大增长规模[①]也较小，即使支出有限，也有相当大的可能出现规模过度的情况，对经济增长的"非生产性"更为显著（杨继，2011）。现实生活当中，行政管理费就是这种现象的典型体现。根据相关学者的研究，中国政府的行政管理费用不仅总额庞大，而且进入 21 世纪以来增长迅速，占财政支出的比重也明显高于世界平均水平（范柏乃、班鹏，2008；杨宇立、钟志文，2010；薛冰、杨宇立，2012）。在这种情况下，行政管理费用的规模显然已超出适度的水平，极有可能表现出"非生产性"的一面。进一步的，行政管理费用的快速膨胀会导致经济建设支出、社会文教支出等生产性公共支出增长减缓甚至陷于停滞，从而造成整体的财政支出无法

---

① 公共支出的最大增长规模是指实现经济增长最大的公共支出规模。

充分发挥对于经济增长的促进作用，直接导致经济增速的不断下滑。

（二）系统结构与系统边界的确定

系统动力学建模的第二步需要确定所研究系统的边界。在一个系统中存在着相互关联的多个要素，各要素之间存在着以物质或信息交换为形式的各种联系，这些联系方式构成了系统的结构。系统的组成部分又确定了系统的边界，在边界之内称为系统，边界之外称为环境，系统和环境之间进行着物质和信息的交换。因此，要对一个系统进行分析，就必须首先确定该系统的边界以及系统内部的各要素。

根据上面的理论分析，本研究考察的政府信用与政府绩效关联系统实质上是行政管理支出对于经济增长的作用系统。其中主要包括了行政管理支出、财政支出及其结构、人均 GDP 等要素。需要说明的是，由于行政管理支出占财政支出比重这个观测指标存在较为明显的局限①，所以研究拟采用行政管理支出占 GDP 比重作为新的观察维度。相应地，人口也是系统的组成要素。这些因素之间相互联系、相互影响便构成了系统的结构，并确定出了系统的边界。

（三）因果关系图的绘制

在系统动力学中，元素之间的相互作用及影响可以概括为因果关系，正是这种因果关系的相互作用，形成了系统的功能和行为。每条因果关系链都是有极性的。正因果链意味着如果原因增加，结果要高于它原来所能达到的程度；如果原因减少，则结果要低于它

---

① 例如，当政府动用财政资金推动投资增长或加大民生类开支时，即便行政支出额大幅增长，其占财政总支出的比重仍有可能降低。"4 万亿"投资就很能说明这一点。受国际金融危机的影响，2008 年中国政府全面推行扩张性财政政策，虽然当年行政管理支出大幅增长，但由于财政支出增长更快，所以 2008 年行政管理支出占财政支出比重反而有所下降。

原先所能达到的程度。负因果链则意味着如果原因增加，结果要低于它原先所能达到的程度；如果原因减少，则结果要高于它原先所能达到的程度。

由前面的理论分析和所确定的系统边界可知，行政管理支出作用于经济增长系统中的变量主要涉及行政管理支出、财政支出、非生产性支出占财政支出比例、生产性支出占财政支出比例、行政管理支出占财政支出比例、经济建设支出占财政支出比例、社会文教支出占财政支出比例、人均 GDP、人口、GDP、行政管理支出占GDP 比重等。在此基础上，研究按照因果关系图绘制的一般原则绘制而成了行政管理支出作用于经济增长的因果关系图（如图 6.2 所示）。值得注意的是，研究设定经济建设支出占财政支出比例作用于人均 GDP 的因果链为负向的。这与大多数人直观的想法大相径庭。之所以做出这样的设定，是因为近年来国内不少关于财政支出结构与经济增长关系的实证研究都发现以财政基本建设支出为代表的财政经济建设支出对于经济增长的影响不显著甚至反而起到了抑制作用（张钢、段澂，2006；王春元，2009；严成樑、龚六堂，2010）。这一方面可能是因为我国经济长期以来都是靠投资驱动，以"铁公基"为排头兵的基础设施建设已达到一个较大的规模，并很可能已超出了与我国社会经济发展相适应的水平，导致边际产出下降。另一方面，生产性公共支出的使用效率较低可能也是我国生产性公共支出对经济增长影响不显著的一个重要原因。世界银行研究员 Prichett（1996）指出，在一些发展中国家生产性公共支出常被用于非生产性的活动，这使得生产性公共支出对经济增长的影响不显著。就我国的情况而言，近年来大量腐败案件都是通过大规模投资建设项目中的规划、审批、放贷、项目的承包、分包、转包、采购等环节谋利的。甚至有报道指出，国内目前各类建设项目用于打通各个环节"潜规则"的费用已占到项目总额的 10% 至30%（张曙光，2012）。

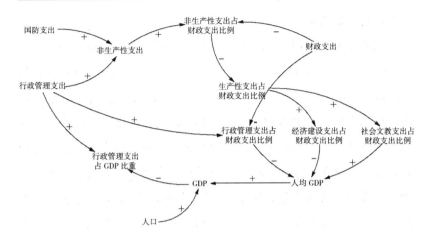

图 6.2 行政管理支出作用于经济增长的因果关系图

三 政府信用与政府绩效关联机理的 SD 量化模型

本节将把行政管理支出作用于经济增长的概念模型公式化为可以在计算机中模拟运行 SD 量化模型——系统流图。所谓模型公式化首先要确定模型中各变量之间的逻辑关系，在形式上把系统因果关系图转化为系统流图，然后再确定系统流图中各变量间的数量关系，对各变量赋以公式或数值，从而完成量化过程。

（一）系统流图的绘制

因果关系图可以很清晰地表达出系统各要素之间的相关性和反馈过程，但并不能表达系统中变量的性质，也无法描述系统管理和控制的过程，因而只能用于系统建模的早期，用于表达心智模式和对建模过程进行交流，仅仅只是对未来要建立的系统的框架进行一个模拟。为了更好地描述系统管理和控制的过程，就必须要绘制出系统动态流图。系统动态流图是在因果关系图的基础上进一步区分变量的性质，并且用更直观的符号来刻画系统要素之间的逻辑关系，明确系统的反馈形式和控制规律，从而为深入分析系统规律奠定基础的图形表示法。

在系统流图中存在着多种基本要素。系统中的变量可以分为状态变量（level variable）、速率变量（rate variable）、辅助变量（auxiliary variable）以及常量（constant）。状态变量是描述系统积累效应的变量，它的取值是系统从初始时刻到特定时刻的物质流动或者信息流动累积的结果。速率变量是描述系统的累积效应变化快慢的变量，它不能在瞬间取值，但是可以观测其在一段时间内的取值。辅助变量是指表达决策过程的中间变量，是状态变量和速率变量之间信息传递以及转换过程的中间变量。常量是指在研究期间不变或者变化非常小的量。

在因果关系图的基础上，研究者对系统中的变量进行了梳理和分析，将行政管理支出、国防支出、财政支出、人均 GDP、人口 5 个变量确定为状态变量，将行政管理支出增长、国防支出增长、财政支出增长、人均 GDP 增长、出生人口及死亡人口等变量确定为速率变量，将行政管理支出增长率、国防支出增长率、财政支出增长率、人口出生率及人口死亡率等变量确定为调节变量。系统中的其他变量，如非生产性支出、非生产性支出占财政支出比例、生产性支出占财政支出比例、行政管理支出占财政支出比例、经济建设支出占财政支出比例、社会文教支出占财政支出比例、GDP、行政管理支出占 GDP 比重等则属于辅助变量。它们连接了因果链上下游不同变量，成为其中起到辅助作用的中间变量。依据以上分析，便可绘制出行政管理支出作用于经济增长的系统流图（如图 6.3 所示）。

（二）系统参数与方程的确定

系统流图绘制完成后，便需要对其中的变量赋以数值或公式，以进行计算机模拟和分析。本研究中模型数据主要来自《中国统计年鉴》、《中国财政年鉴》及相关学术论文。模型中政策参数与方程主要采用以下几种方法加以确定：

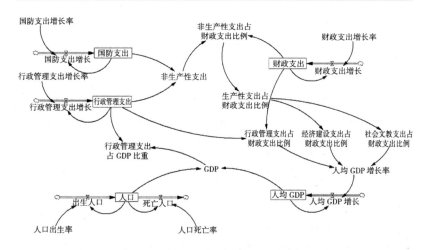

图 6.3　行政管理支出作用于经济增长的系统流图

平均数法。通过计算算术平均数或几何平均数以确定系统流图中参数的数值。例如 1990 年以来社会文教支出占生产性支出的比例尽管稳中有升，但幅度变化不大，一直在 31%—37% 之间徘徊。在这种情况下，研究通过计算 1990 年至 2006 年间每年社会文教支出占生产性支出的比例，然后取算术平均值确定社会文教支出占生产性支出的比例为 34.8%。此外，研究通过计算 1990 年至 2006 年财政支出的年均增长率确定政策参数"财政支出增长率"的值为 6.42%。研究采用同样的方法确定行政管理支出增长率为 8.65%，国防支出增长率为 4.81%。需要说明的是，这里的年均增长率都是基于不变价格计算而得的。我国没有直接公布 GDP 平减指数，但《中国统计年鉴》公布了以当年价格计算的国内生产总值和按可比价格计算的国内生产总值指数。本研究将据此计算出我国的 GDP 平减指数，进而运用 GDP 平减指数剔除价格因素的影响。

趋势递推法。研究在参数取值时也使用了趋势递推的方法。如在计算我国人口出生率时，已知 2001 年至 2010 年这 10 年我国人口出生率，使用历史递推法为我国未来人口出生率赋值为 1.18%。基于同样的方法确定我国人口死亡率为 0.715%。

参考借用法。在模型量化的过程中，某些方程系数是通过直接参考借鉴以往相关研究成果确定的。如人均 GDP 增长率公式的确定是依据王春元（2009）的分析结果。他的研究基于柯布—道格拉斯生产函数的分析框架并以改进的经济模型系统检验了 1978—2006 年我国政府财政支出结构对经济增长（以人均真实 GDP 增长率为被解释变量）的效应，结果显示行政管理支出比例的弹性系数为 -2.29，经济建设支出比例弹性系数为 -3.81，社会文教支出比例弹性系数为 2.60，且都在 10% 的水平下通过了统计显著性检验。根据这一研究结果，人均 GDP 增长率的计算公式被设置为 -2.29 × ln（行政管理支出占财政支出比例）-3.81 × ln（经济建设支出占财政支出比例）+2.6 × ln（社会文教支出占财政支出比例）。

此外，研究还通过加减乘除等简单函数确定了大部分辅助方程的公式。如，行政管理支出增长 = 行政管理支出 × 0.0865，生产性支出占财政支出比例 = 1 - 非生产性支出占财政支出比例。

最后，研究设定系统模拟运行时间为 2006 年至 2025 年，步长为 1 年。虽然系统模拟的时间跨度总共有 20 年，但其中 2006 年至 2011 年的模拟结果可以与现有统计资料中的实际数据进行比较，也即可作为系统模拟结果的历史检验。通过这种结果真实性检验，研究者可以微调模型中估计欠精准的政策参数，从而使模型能更准确地反映出行政管理支出作用于经济增长的发展趋势。

在以上说明的基础上，表 6.1 具体列出了系统中参数的取值与函数关系。

表 6.1　　　　　　　　参数的取值及其函数关系

变量名	方　程	参数取值	单位
行政管理支出增长率	/	8.65%	
行政管理支出增长	行政管理支出 × 8.65%	/	亿元
行政管理支出	INTEG（行政管理支出增长，7571.05）	/	亿元

续表

变量名	方　程	参数取值	单位
国防支出增长率	/	4.81%	
国防支出增长	国防支出×4.81%	/	亿元
国防支出	INTEG（国防支出增长，2979.38）	/	亿元
非生产性支出	行政管理支出+国防支出	/	亿元
非生产性支出占财政支出比例	非生产性支出/财政支出	/	
财政支出增长率	/	6.42%	
财政支出增长	财政支出×6.42%	/	亿元
财政支出	INTEG（财政支出增长，40422.7）	/	亿元
生产性支出占财政支出比例	1-非生产性支出占财政支出比例	/	
经济建设支出占财政支出比例	生产性支出占财政支出比例×30.0%	/	
社会文教支出占财政支出比例	生产性支出占财政支出比例×34.8%	/	
行政管理支出占财政支出比例	行政管理支出/财政支出	/	
人均GDP增长率	-2.29×ln（行政管理支出占财政支出比例）-3.81×ln（经济建设支出占财政支出比例）+2.6×ln（社会文教支出占财政支出比例）	/	
人均GDP增长	人均GDP×人均GDP增长率	/	万元
人均GDP	INTEG（人均GDP增长，1.65）	/	万元
人口出生率	/	1.18%	
出生人口	人口×1.18%	/	万人
人口死亡率	/	0.715%	
死亡人口	人口×0.715%	/	万人

续表

变量名	方　　程	参数取值	单位
人口	INTEG（出生人口 - 死亡人口，131448）	/	万人
GDP	人均 GDP × 人口	/	亿元
行政管理支出占 GDP 比重	行政管理支出/GDP	/	/

四　政府信用与政府绩效关联机理的 SD 模拟分析

在模型参数和方程输入完毕并对参数进行测试之后，研究将使用 Vensim 软件对前面得出的系统流图进行仿真模拟。

（一）仿真运行与分析

首先进行的是现有状态下系统的仿真实验，即不对模型政策参数加以改动，而保留原参数值，对系统的演化过程进行仿真模拟。主要的仿真结果如图 6.4 至图 6.6 所示。

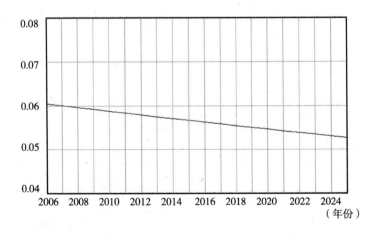

图 6.4　人均 GDP 增长率仿真模拟结果——高速增长

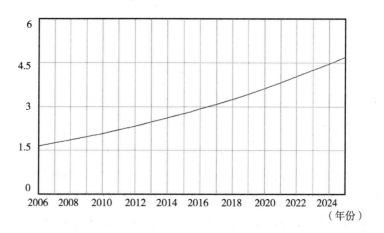

图 6.5 人均 GDP 仿真模拟结果——高速增长

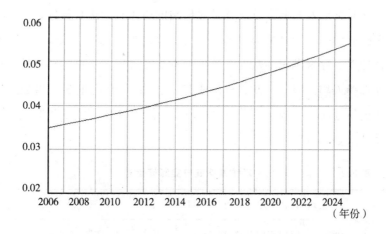

图 6.6 行政管理支出占 GDP 比重仿真模拟结果——高速增长

从图中可见，若不考虑其他因素对人均 GDP 增长率的影响，在维持当前行政管理支出增长率的情况下，我国人均 GDP 增长率将呈现逐年下滑之势。似脱缰野马般飙升的行政管理支出使相当一部分财政支出被用于对社会生产无益的官员个人在职消费。香港《凤凰周刊》给出的一个"科长指数"非常形象地描绘了这种状况。1989 年中国人民银行总行一名科长的综合价值大约是每月 130元，而到 2013 年，同样一名科长的综合价值大约是每月 15000 元。也就是说，25 年来老百姓供养一名科长的费用，每年大约以 20.9% 的复合比例增长。即使扣除通货膨胀之后，一名科长每年消耗的费用仍以 15.4% 的速度增长（熊剑锋，2013）。这远远超出了同期财政其他支出的年均增速。生产性支出的不足进而造成人均真实 GDP 增长率预计从 2006 年的 6% 以上下降至 2025 年的 5.27%。受到人均 GDP 增长率的影响，尽管人均 GDP 在此期间仍然持续增长，但增长动力逐渐衰退，增长后劲不断减弱。随着行政管理支出增长率和人均 GDP 增长率互相消长，行政管理支出占 GDP 比重一路攀升，从 2006 年的 3.49% 上涨至 2025 年的 5.42%，涨幅高达 55.3%。

模型是否真实地反映了实际系统的状况决定了模型预测的准确性，对此最好的验证方法就是对模型的历史行为进行检验，也即把模型的模拟运行结果与系统实际历史数据进行比较，检验二者的吻合程度。综合考虑参数在系统中的重要性和历史数据的可得性，研究选择人均 GDP、GDP、行政管理支出占 GDP 比重 3 个参数进行历史行为检验，检验时段选取 2007 年至 2012 年，共 6 年时间，具体结果如表 6.2 所示。

表 6.2　　　　　　　　　　系统模拟值与实际值比较

年份	人均 GDP（万元）			GDP（亿元）			行政管理支出占 GDP 比重		
	实际值	模拟值	误差	实际值	模拟值	误差	实际值	模拟值	误差
2007	1.7760	1.7497	-0.0148	232827	231069	-0.0076	0.0420	0.0356	-0.1523
2008	1.9140	1.8548	-0.0310	250905	246076	-0.0192	0.0407	0.0363	-0.1083
2009	1.9023	1.9653	0.0331	249382	261952	0.0504	0.0372	0.0371	-0.0024
2010	2.0287	2.0816	0.0261	265946	278740	0.0481	0.0331	0.0379	0.1444

年份	人均 GDP（万元）			GDP（亿元）			行政管理支出占 GDP 比重		
	实际值	模拟值	误差	实际值	模拟值	误差	实际值	模拟值	误差
2011	2.1870	2.2038	0.0077	286700	296486	0.0341	0.0322	0.0387	0.2020
2012	2.2282	2.3324	0.0467	292126	315236	0.0791	0.0388	0.0395	0.0177

注：1. 人均 GDP、GDP 的历史数据已经过平减；

2. 由于从 2007 年起我国开始实施政府收支分类改革，对财政收支分类统计体系进行了重大的调整，所以从 2007 年开始，支出功能分类不再按基本建设费、行政费、事业费等经费性质设置科目，而是根据政府管理和部门预算的要求，统一按支出功能设置类、款、项三级科目。根据这种调整，研究把 2007 年以来预算内行政管理支出的统计口径确定为：将一般公共服务（除去国债付息支出）、外交、公共安全三大科目支出金额加总。如 2011 年行政管理支出为 10987.78（一般公共服务支出）－2384.08（国债付息支出）＋309.58（外交支出）＋6304.27（公共安全支出）＝15217.55 亿元。这种统计口径是近年来相关学者较常采用的，如杨宇立、钟志文（2010），董建新、余钧（2012）。

从表 6.2 可知，所选取变量的模拟值与系统实际的历史值大致相符，相对误差几乎都在 ±15% 以内，表明模型可以很好的模拟所要考察的实际系统。实际上，模型对于人均 GDP、GDP 模拟值的误差几乎都在 ±5% 以内。由于行政管理支出占 GDP 比重本身的绝对值很小，所以才造成模拟值相对于实际值的误差较大，而误差的绝对量其实都非常小。总体而言，研究建立的模型具有良好的预测精度。

（二）干预实验与分析

接下来，研究将调整模型中最为关键的政策参数——行政管理支出增长率的数值，观察系统模拟运行结果的变化情况，进而对比之前的模拟运行结果，以分析揭示政策的影响强度及影响机理。

1. 行政管理支出中速增长方案

调整行政管理支出增长率，将其增长率降为当前值的一半，Vensim 软件输出的主要结果如图 6.7 至图 6.9 所示。

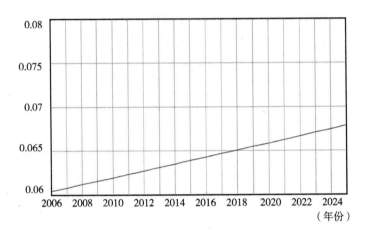

图 6.7　人均 GDP 增长率仿真模拟结果——中速增长

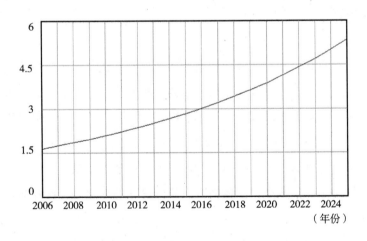

图 6.8　人均 GDP 仿真模拟结果——中速增长

从分析结果可见，由于行政管理支出增长速度明显放缓，人均 GDP 增长率不仅能够保持在高位，而且呈现出加速增长的趋势。受这种趋势的影响，人均 GDP 能够保持较快增长，

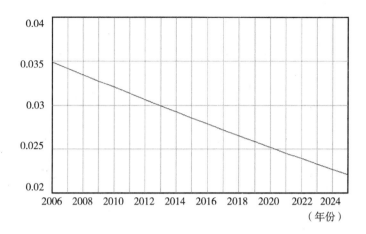

图 6.9　行政管理支出占 GDP 比重仿真模拟结果——中速增长

且增长幅度逐渐加大。随着行政管理支出增长率与人均 GDP
增长率的此消彼长，行政管理支出占 GDP 比重也呈一路下滑
的态势，由模拟运行时间期初的 3.5% 降至期末的 2.2%，降
幅超过了 1/3。

2. 行政管理支出零增长方案

社会主义国家的人民政府理应是一个精简的、成本很低的、不
浪费人民血汗的政府。我国历次行政体制改革都把构建廉价政府作
为主要目标之一。近年来，中央三令五申严格控制以"三公"经
费为代表的行政管理支出。在 2012 年 3 月召开的国务院第五次廉
政工作会议上，温家宝总理强调要继续推进行政经费使用管理改
革，"三公"经费实行零增长。2013 年 3 月，李克强总理在其上任
后的第一次记者招待会上就约法三章，提出本届政府任期内，政府
性楼堂馆所一律不得新建，财政供养的人员只减不增，公费接待、
公费出国、公费购车只减不增。依据中央政府的政策目标，研究者
也把行政管理支出增长率设定为零，Vensim 软件输出的主要结果
如图 6.10 至图 6.12 所示。

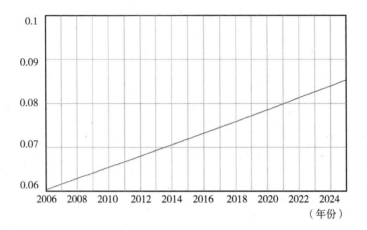

图 6.10　人均 GDP 增长率仿真模拟结果——零增长

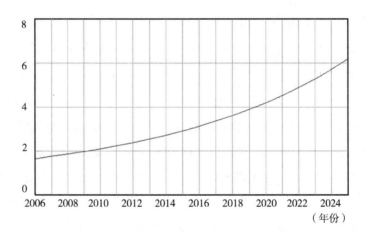

图 6.11　人均 GDP 仿真模拟结果——零增长

　　从上图可见，在行政管理支出零增长的情况下，人均 GDP 增长率呈现出明显的"加速度"增长之势，人均 GDP 持续高速增长，且后劲十足，在模拟运行时间的期末已是期初值的三倍多。这种变化直接导致行政管理支出占 GDP 的比重陡降，在模拟运行时间的期末甚至已不足 GDP 的 1%，从一般意义上来说已实现了廉价政府的目标。

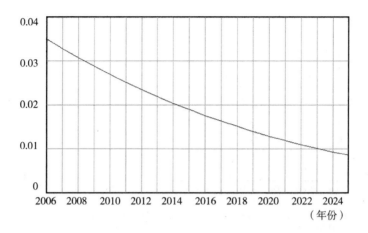

图 6.12　行政管理支出占 GDP 比重仿真模拟结果——零增长

（三）对比分析与讨论

为了更清楚地展示不同行政管理支出增长方案下的仿真结果，研究者把 3 种政策参数下的模拟结果整合在同一张图中表示（如图 6.13 至图 6.15 所示）。

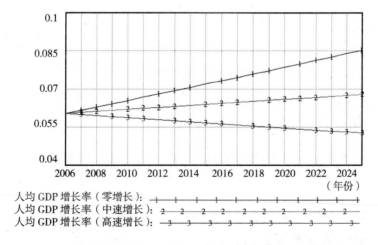

人均 GDP 增长率（零增长）：
人均 GDP 增长率（中速增长）：
人均 GDP 增长率（高速增长）：

图 6.13　人均 GDP 增长率仿真模拟结果——对比

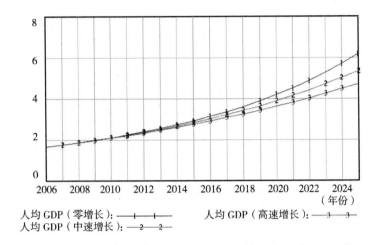

人均 GDP（零增长）：━━┼━━┼━━　　　人均 GDP（高速增长）：━━3━━3━━
人均 GDP（中速增长）：━━2━━2━━

图 6.14　人均 GDP 仿真模拟结果——对比

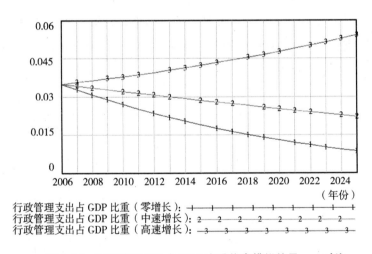

行政管理支出占 GDP 比重（零增长）：━┼━┼━┼━┼━┼━┼━┼━
行政管理支出占 GDP 比重（中速增长）：━2━2━2━2━2━2━2━2━
行政管理支出占 GDP 比重（高速增长）：━3━3━3━3━3━3━3━3━

图 6.15　行政管理支出占 GDP 比重仿真模拟结果——对比

　　在此基础上，研究者汇总整理了不同方案的仿真结果，其主要指标及对比情况如表 6.3 所示。

表6.3　　　　　　　　　　不同方案仿真结果比较

指　　标	方案	2010 年	2015 年	2020 年	2025 年	期末/期初
人均 GDP 增长率	高速增长	0.0587	0.0567	0.0546	0.0527	0.87
	中速增长	0.0620	0.0639	0.0659	0.0679	1.12
	零增长	0.0654	0.0719	0.0785	0.0853	1.41
人均 GDP（万元）	高速增长	2.0816	2.7581	3.6191	4.7040	2.85
	中速增长	2.0911	2.8345	3.8777	5.3545	3.25
	零增长	2.1012	2.9194	4.1820	6.1797	3.75
行政管理支出占 GDP 比重	高速增长	0.0379	0.0423	0.0476	0.0542	1.55
	中速增长	0.0320	0.0285	0.0252	0.0220	0.63
	零增长	0.0269	0.0189	0.0129	0.0085	0.24

注：期初数值为 2006 年数据，期末数值为 2025 年数据。

从上表不难发现，不同方案的仿真结果虽然在开始阶段差异不大，但随着时间的推移，差异逐渐显现。具体而言，行政管理支出增长率越低，人均 GDP 增长率就会越快，人均 GDP 也会越高。相应地，行政管理支出占 GDP 比重自然就会更低。例如，在行政管理支出高速增长方案下，2025 年政管理支出占 GDP 比重是 2006 年的 1.55 倍，而在行政管理支出零增长方案下，2025 年政管理支出占 GDP 比重仅为 2006 年的 0.24，两者相差了 6.46 倍。试想在现实中如果行政管理支出占 GDP 比重相差 6.46 倍的话将给财政支出结构、行政效率乃至公众福利带来多么大的影响啊！

综上所述，系统动力学分析从反面同样表明政府信用对政府绩效具有积极正向的影响，这与结构方程模型的分析结果总体一致。

第七章　推进守信高效现代政府
建设的政策建议

随着全面深化改革和全面推进依法治国的提出，特别是"四个全面"战略布局的形成，我国政府治理现代化的探索即将进入一个新的阶段，将更加注重改革的系统性、整体性、协同性。本章将根据前两章的实证分析结果，并结合全面深化改革对县级政府治理转型的要求，提出统筹推进政府信用、政府绩效建设的相关政策建议，以期有助于加快构建守法守信、高效廉洁的现代政府。

一　政府信用的重塑

重塑政府信用，提振政府公信力，既是一个系统工程，也是一项长期任务。从统计分析结果可见，政府诚信对政府信任、政府周边绩效、政府任务绩效三个内生潜变量的影响都是最大的。政府善心对各内生潜变量同样具有较强影响，且是制约政府信用水平提升的瓶颈。相较而言，政府信用能力不仅发展水平相对最高，对各内生潜变量所产生的总体影响也最小。因此，在优化"政府信用—政府绩效"系统整体表现的过程中，需要优先关注政府诚信状况，同时注重改善政府善心，此外应及时提升政府的信用能力。

（一）以程序公平为着力点塑造政府诚信
组织层面的诚信更突出对规则的遵守，更加强调组织的"社会责任"和"守信履约"（陈丽君，2010）。政府作为社会公共利益的代表，就更加有义务去遵守一系列特定的行政程序，或者更准确地说，是行政程序的基本原则来确保自身能够恰当地履行"社会责任"，做到"守信履约"。而作为行政程序基本原则的公平、公正，不仅是保证政府诚信形成的基础性、关键性"内部控制制度"，而且有助于改进政府内部运行机制，提高行政效率。在这方面，杭州市上城区的案例具有较大的参考价值与指导意义。

1. 案例介绍

2007年，杭州市上城区政府提出了"行政管理与公共服务标准化建设"，成立了政府管理与服务标准化工作领导小组，制定出台《上城区政府管理服务标准化示范区工作实施意见》，通过梳理政府管理及公共服务具体职能，构建标准化体系框架，推进政府管理与公共服务具体事项相关标准的制定和完善，全面推进区级政府行政职能的标准化管理。

在标准化建设的前期，上城区系统地梳理了政府各部门以及各个层次的职责，共确定了5309项由政府职能细化出的具体工作事项及与之对应的880项法律法规、政策依据，同时针对"无法可依"的工作事项，制定了《居家养老服务与管理规范》、《城管执法智能管控规范》等154项标准规范并分别作为国家、省、市、区级标准颁布实施。在此基础上，重点清理了2323项与公众生活直接相关的行政执法权力事项，全部完成标准化流程编制。对于已颁布实施标准，充分利用电子政务建设成果，开展标准的网上流程重构或开发相应的网上应用系统。目前已建立了网上行政服务中心、街道综合信息管理应用平台、社区E家人三大信息化平台和在线互动一站式服务系统、行政执法量化管理系统、电子监察系统等10个信息化应用系统以及开发配套的网上应用系统，把具体标准的实施和评价流程在网上进行重构和固化，同时实行政府管理服务事项及标准网上公开，促进各项标准公开、阳光执行，做到了依法依规服务、操作自动留痕、全程实时监督、成效及时评价。例如，根据颁布的《网上行政服务中心管理规范》，上城区建立并完善互动一站式网上行政审批服务系统，推进审批服务的依据公开以及流程、实现、监督、评估的全过程标准化控制。截至 2011 年 10 月，上城区网上行政服务中心将 249 项行政许可非许可事项全部纳入，其中 80% 已实现网上预受理，其余项目均可通过社区、街道或各业务部门以及区行政服务中心申报，共受理事项 41562 件，按期办结率 100%，未发生一起违规审批的现象。

通过 5 年多的探索和努力，上城区创新性地构建了政府管理与公共服务标准化体系框架。该体系由纵向和横向两个结构构成，包含 4 个子体系、31 个分体系和 3 个应用辅助体系。纵向结构由自上而下的 5 层组成，从政府宏观职能，逐层细分至政府管理与公共服务具体事项；横向结构覆盖全区所有行政管理与公共服务事项，每个政府工作部门按照经济调节、市场监管、社会管理、公共服务四个宏观职能分体系进行梳理归类，再逐级延伸细化至 300 余项政府工作职能。每个部门均按《服务业组织标准化工作指南》（GB/T24421）建立"通用基础标准体系"、"服务保障标准体系"、"服务提供标准体系"3 个体系。

上城区通过标准化建设，有效厘清了政府各部门以及各个层次的职责，弥补了现行法律、法规制定的空白与执行中的缝隙，使政府职责更加明确清晰，工作目标更加确切具体，工作流程更加严谨规范，强化了对行政权的监督制约，有效遏制了随意行政和滥用权力等问题，促进了政府管理与公共服务统一规范、公平公正。在实践中，政府诚信的提高带动了政府绩效的改善。据统计，上城区网上审批事项部门办结的平均时间已由传统模式的 3 个工作日减少到 2011 年的 0.9 个工作日。上城区统计局对辖区居民的抽样调查结果表明，71% 的受访者认为政府管理与公共服务标准化建设"有利加强社会监督、依法阳光行政、提高政府绩效"；67% 的受访者认为"有利于市民在公平、公开、公正的状况下受益，同时有利公务员廉洁奉公，树立政府廉洁形象"。①

2. 案例借鉴与政策启示

从近年来我国区县一级政府及其部门履职情况不难发现，行政程序不规范导致的权力滥用、推诿扯皮、暗箱操作等问题不同程度的存在，严重侵蚀了政府的诚信品质，公众反响强烈，日益成为社会关注的焦点问题。

公平行使公共权力要求政府官员在贯彻法律和政策时，除非该政策或法律已经明文规定，否则任何特殊公民或特例均不得予以考虑（罗斯坦，2012）。为了达到这一要求，关键就是要有一套公正透明的制度规范来保证程序的公平，从而保障公民的合法权利与合理的利益诉求。企业标准化管理由来已久，但在行政管理领域标准化管理仍未得到广泛运用。上城区政府以区级政府作为主体，对所有涉及的具体职能事项全面实施标准化管理的创新实践对于规范行政权力、保证程序公平具有重要的意义。通过标准化管理，政府诚信得到了切实保障和显著提升，规范的公权从而能更好地服务于民权。在运行过程中，标准化管理通过具体量化指标的设置与考评有效改善了服务质量，提高了服务效率，使公众享受到了更优质、更丰富的公共服务。这也正是政府诚信正面影响政府任务绩效的鲜活例证。

从案例中不难发现，全程连贯、周严细密的程序规范是保证程序公平的关键所在。借鉴上城区的成功做法，从目前地方政府的实际出发，可以主要从以下两个方面去加强程序制度建设，坚持程序正义。

一方面，要全面推行行政活动标准化管理。在西方国家有一句名言"正义不仅应得到实现，而且要以人们看得见的方式加以实现"（Justice must not only be done, but must be seen to be done）。不

---

① 资料来源：http://app. shangcheng. gov. cn/mh_ template/article_ list. jsp? catalog_ id = 20080421000110。

偏不倚的程序则是以"看得见的方式"实现正义的最佳途径。上城区的案例表明行政程序对于行政活动的方式、步骤、顺序、过程规定得越具体、越规范，行政程序的公平性就会越高。为此，有必要在县级政府中全面推行行政活动标准化管理。根据上城区的经验，标准化管理的工作一般要走"三部曲"。第一步就是要系统梳理政府职能部门和各层次政府的职责，明确具体工作事项及与之对应的法律法规、政策依据。第二步就是要制定并实施各项行政管理的标准，开发设计操作性强的量化指标，即使对于一些难以量化的行政环节和行政内容，也要通过优化定性标准来提高行政活动的明确性和责任性。唯有如此，才可树立规则和程序的绝对权威，避免行政部门"有选择的管理和有选择的服务"所造成的权利不公、机会不公、结果不公。第三步就是要在标准的实施过程当中，不断修订完善各项标准，把行政管理标准化向纵深推进。从现实情况来看，有必要尽快把工程建设领域、"三公"领域、土地领域、拆迁领域、环保领域等更多重点领域列入标准规范的制定范畴；把行政决策、行政审批、行政执法、人事招聘等更多的管理环节列入标准规范的制定范畴。

另一方面，应以信息化推动权力运行程序化。电子政务的发展是 20 世纪末期以来公共管理发展的趋势，是现代政府管理观念和信息技术相融合的产物，可为权力依规运行提供有效的技术支持。参考上城区的做法，首要的工作就是将各种与公民切身利益相关的行政审批、行政服务事项等集中到统一的网上办理平台，每项事项的依据、标准、内容、时限、申请表单、办事指南等都应以简明规范的格式在网上公示，并要以流程图的形式标明每个环节的具体职能部门、职能科室和经办人员，做到流程清晰、权责明晰，从源头上减少人为因素的干扰，保证公民都能得到同等优质高效的服务。在系统的硬件部分搭建完成之后，就应充分发挥信息技术的优势对每项行政事项运行过程中每个环节、每个岗位、每个责任人的完成情况进行全程实时监督。一旦出现违规操作或办理超时，就可第一时间启动调查、纠正程序，帮助当事人特别是来自弱势群体的当事人维护自身权益，并避免人情因素的不正常影响。最后，当每项行政事项办理结束之后，要依托网上的应用系统对服务对象进行及时的回访调查，征求服务对象对行政过程的评价、意见和建议，自动生成并公布评价结果，以营造部门之间、公务员之间的竞争氛围。

（二）以公民参与为切入点改善政府善心

政府善心是一种真诚善良的行政理念，它指导着政府做出各种行政决策，进行具体行政活动，直接体现为政府政策制定是否反映大多数公众的意愿，行政行为的实施过程是否做到以人为本。政府善心彰显了政府的美德，对公民政府信任状况有较强的影响，进而对政府绩效具有一定的促进作用。从调查情况来看，目前县级政府的善心理念令人堪忧，在政府信用三个维度中平均得分最低。一些学者的研究指出财政收益最大化才是地方政府行为真正的支配逻辑，往往导致弱势群体权益被迫从属于地方的财政收益（郁建兴、高翔，2012）。这个问题的产生从根本上说是由地方人民代表大会功能难以充分发挥，民主化水平低下造成的。不过，政治体制的变革，民主化水平的提高并不是一朝一夕就可以完成的，但这也并非意味没有可行的途径去改善政府善心。政府决策若要反映大多数公众的意愿，前提就是倾听公众的诉求，而倾听公众诉求的最佳方法莫过于在公民政治参与过程中直接听取他们的意见并进行有效的互动。宁波市海曙区社会治理的"开放空间"模式便是一个值得推广的范本。

海曙区作为老城区，基础设施薄弱，停车难、绿化带损毁、下水管道堵塞、安防设施不齐全等问题普遍存在。由于缺少沟通，许多基层社会治理具体项目会导致公众不理解、不认可。针对这些问题，海曙区积极探索基层社会治理的"开放空间"模式，邀请居民亮智慧、提意见，解决实际问题，打破了过去居民只能被动选择"同意"与"不同意"的状况。在"开放空间"实施过程中，凡是涉及群众利益的事项，委托第三方民间机构主持，邀请辖区单位和居民一起讨论，共同商定具体解决办法、方案、措施。根据居民讨论的结果，确定民生微项目，由街道班子成员捆绑式认领，确保项目落地。同时组建小区自管委员会、自管小组，引导居民角色由决策接受者向决策参与者转变。自2013年4月试点以来，取得了良好的效果。2014年，海曙区结合群众路线教育实践活动，在全区全面推广"开放空间"模式，围绕基层社会治理主题，有计划、分批次组织"开放空间"活动，仅2014年上半年就收集公众意见建议900余项，办结810多项，切实为公众解决了实际问题。在各类项目实施过程中，基层党组织和政府面对一系列"老大难"问题一次次广泛征求普通公众意见，一趟趟邀请普通公众见证进程，过程中的每一个步骤都做到公开透明，从而得到了社会公众的普遍认可。据调查，目前海曙区30%以上的社区在满意度测评中获得了超过90的高分。①

海曙区的案例表明，拓展公民政治参与首先应该充分发挥居民委员会、村民委员会等基层自治组织的积极作用，改变政府大包大揽的管理方式，为公民参与政策过程提供多样化的渠道，实现公民参与公共政策制定的制度化。同时强化居委会、村委会的服务功能，通过服务来实现管理，并应建立健全以社区、行政村为平台的民意诉求和维权机制，让居委会、村委会成为公众与基层政府沟通的桥梁。另一方面，体制内的人大、政协本身就是公民政治参与的渠道，为了使这些渠道能够充分发挥作用，在现阶段可以引入公众听证制度和专家咨询制度等，尤其是县级或乡级人大所讨论的事项本身就是与本地经济社会发展相关的重大事项或是各种民计民生议题，所以完全有必要引入公民听证的形式，将参与和监督主体从人大代表扩大至普通公民，在加强监督的同时提供常态化的参与途

① 资料来源：http://zjrb.zjol.com.cn/html/2014—08/24/content_2797420.htm?div=—1。

径。政协也应以更加开放的姿态吸引社会各界人士参与，特别应引导新兴社会组织代表其所联系的公众制度化地参政议政。当然，在信息时代的今天，"新兴技术可以保证公民有平等机会获取信息，它能够把个体和组织连接成网络，使他们超越相隔的遥远空间参与讨论和争论"（托马斯，2010）。所以，政府也必须重视通过政务信息平台、网上论坛、电子投票、微博、微信等媒体形式丰富公民政治参与的形式和内容，鼓励公民通过网络渠道为政府决策出谋划策，并对公众意见及时回应。

（三）　以社会管理为重点提升政府信用能力

改革开放以来，我国各级政府的经济管理能力有了显著的提高，同时依旧保持了较强的政治管理能力，相比之下，地方政府的社会管理能力就显得十分薄弱，因而这是政府提升信用能力亟须突破的瓶颈。

提高社会管理科学化水平，重点在基层，难点也在基层，因而强化基层社会管理和服务能力的建设显得尤为必要。在这方面，浙江省舟山市首创的"网格化管理，组团式服务"社会管理模式具有较大的推广价值。网格化管理就是根据属地管理、现状管理、地理布局等原则，将管辖区域划分成若干网格状的单元，并对每一网格实施动态、全方位的管理。组团式服务就是根据网格划分，按照对等方式整合公共服务资源，组织服务团队，为网格内居民提供多元化、个性化、精细化的服务。而"网格化管理，组团式服务"是以公共服务为理念，依托网络信息技术，在明确的责任范围内，通过整合服务资源、畅通信息渠道、激发社会活力，进而达到党委、政府、社会、公众合作共治的一种精细化、服务化、互动式的社会管理新模式、新方法。在实践中，"网格化管理，组团式服务"展现了卓越的成效，在完善为民服务机制、推动基层民主政治建设、密切党群干群关系、巩固党的执政基础、维护社会和谐稳定等诸多方面都起到了积极的作用。不过，不同地区社会情况不尽相同，而且"网格化管理，组团式服务"本身开展的时间比较短，存在某些不足之处。因此，其他地区基层政府在学习借鉴"网格化管理，组团式服务"的过程中需要进一步优化完善这种社会管理模式。具体可能需要进一步探索强化公民素质教育，增强规范社会行为的能力；强化社会自治功能，增强解决社会问题的能力；强化社会调解体系建设，增强化解社会矛盾的能力；强化应急管理体系建设，增强应对社会风险的能力。

在以上这些需要提高完善的方面中，非常紧迫的一项工作就是建立健全重大决策社会稳定风险评估机制。因为政府的重大决策如果失误，将对本地的社会稳定产生极为不利的影响，不仅会使前期社会管理成效毁于一旦，而且会使以后的社会管理工作很难开展。重大决策社会稳定风险评估制度是社会影响评价体系的关键组成部分，是防范社会风险的一项重要制度性措施。目前这项工作在地区之间的推进还很不平衡。一些先进地区已经探索建立了一套较为完善的制度规范及实施机制，并在实践中发挥了良好的作用。有些地区虽已建立相关的制度和机制，但尚未进入实践操作层面。部分地区对社会稳定风险没有引起足够重视，至今尚未建立重大决策社会稳定风险评估机制，甚至在这方面还是空白。

今后在推进这项工作的过程中，第一步就是要在全国范围内统一对重大决策社会稳定风险评估的思想认识。作为与民众联系紧密的基层治理单位，不同地区县级政府都应该意识到重大决策社会稳定风险评估机制的建立是为了提早发现影响社会稳定的各类风险因素，并能够采取有效应对措施，尽可能消除影响社会和谐的各种因素，以有效维护社会和谐稳定。思想上的重视还必须落实到具体的工作制度上来。鉴于这项工作最容易出现的问题是流于形式，所以必须不断推进重大决策社会稳定风险评估工作规范化，评估主体的界定、评估指标的遴选、评估方法的运用、评估内容的确定、操作程序的设置都需要进一步完善。从进一步规范重大决策社会稳定风险评估的角度来看，政府今后应将这项工作择优外包给专业中介机构，由其根据实际情况采取合适方法进行评估。政府则可利用自己的权威身份召开座谈会、听证会等以进一步听取相关利益群体的意见，并与之进行沟通协商。同时，要加快重大决策社会稳定风险评估工作的实施步伐，地方相关部门应加大督查指导力度和考核力度，在取得实践经验的基础上，认真总结提炼，探索运行模式，树立先进典型，逐步推广扩大。

二　政府信任的凝聚

政府信任是一种长期互动的结果，实际上反映了政府与公众之间互信合作关系的强弱，同时也是政府信用作用于政府绩效的重要中间环节。除了上一节提到的加强政府信用建设的措施以外，还需要从以下几个方面着手提升政府信任。

第一，促进政府运行公开透明。

政府运行的封闭、神秘而导致公民对政府的了解不足是引起政府不受信任的一个重要原因。反过来说，"政府如果想取信于公众，取悦于民，最省事、最少耗费的途径就是开放政府信息，开放公众参与政府政策制定过程的渠道"（张维迎，2001）。尽管近几年我国政府信息公开取得明显成绩，但与公众期望相比，当前政府信息公开状况整体仍不甚理想，一些地方政府信息公开不主动、不及时，面对公众关切不回应、不发声，"公开的群众不关心，群众关心的不公开"等现象依然普遍存在。本研究问卷调查也发现信息公开不利是政府信用建设过程中的"短板"。当前，可以通过以下途径进一步促进政府治理走向公开透明。

一是完善政府信息公开相关制度及其实施标准。《政府信息公开条例》对信息公开的规定较为原则性，因而各地应结合本地实际研究制定有关政府信息公开的制度规范，制定政府信息公开目录，规范政府信息公开的基本格式，明确各类政府信息的索取单位，简化政府信息公开的程序，在统一标准下，及时、主动向社会公布非保密要求的相关政务资料和信息。尤其要重点抓好重大突发事件和公众关注热点问题的公开，客观公布事件进展、政府举措、公众防范措施和调查处理结果，及时回应社会关切。

二是丰富政府信息公开的渠道与形式。在这个信息像空气和水一样重要的时代，基层政府除了通过本地公共图书馆、报纸、广播、电视等传统途径发布政务信息以外，还应探索其他政务信息与公众"零距离"接触的途径。具体实现方式可以包括：在每个社区及行政村建设固定的政府信息公开栏、电子屏幕、电子触摸一体机等设施；利用原有的社区宣传栏、街头报栏张贴相关材料，或者把政务信息编入便民手册进行发放；建设政务短信平台，在重大自然灾害及公共突发事件发生时群发手机短信；开通免费的政府信息公开服务热线和各类政务微博、政务微信；完善新闻发言人制度，定期召开新闻发布会或信息通报会。

三是推动政府部门权力运行信息公开。权力清单制度是推动政府行政权力公开规范运行的有效抓手。各级地方政府及其工作部门应尽快推进权力清单制度，对保留的行政权力应按照规定的格式和体例形成权力清单，并依法公开权力运行流程，接受社会监督。当前，要重点加大行政机关行政审批、行政许可、行政处罚等信息公开力度，并加强依据、条件、程序、数量、期限、收费情况、需提交材料目录以及办理情况的信息公开工作，通过标准化管理的"刚性效应"，防止信息公开在执行环节走样。

第二，提升政民互动过程质量。

政民互动的具体过程对于凝聚政府信任具有重要作用。一方面，过程本身展现的价值，比如回应性、公开性、公正性等，有利于从程序上获取公民的支持与认同；另一方面，过程也在一定程度上决定着政府的"产出"，影响着行政行为的结果与绩效（张成福、边晓慧，2013）。因此，必须重视政府与公民的互动关系及其过程管理，努力提升政民互动过程的质量。

一是构建积极友好的政民互动模式。构建公民与政府的良好互动关系，必须改变传统的基于问题的单向互动模式，政府应当变被动为主动，改变公民只有在需要解决问题时才转向政府，而应通过完善政府开放日、领导接待制、领导片区联系制、定期下访制等工作机制，建立公务人员与公民之间更加常态化的交流方式，形成"有事帮办、无事连心"的新型政民互动关系，从而推动政府信任关系的双向建构、主动建构。

二是提高公务人员服务理念和服务技能。随着公民与政府的联系日益密切及公民价值观的转变，公众会更加重视同政府公务人员的具体互动质量，特别是互动过程是否在情感上得到了满足将在很大程度上影响公民对于政府的信任评价。一般而言，如果公务人员能够友好、真诚、专业、有效地面对和回应公民的要求和解决其问题，这种被尊重和重视的感受能够显著增强公民对于政府的满意度和信任评价。为此，一方面要增强一线工作人员"听民声，解民忧"的服务能力，提高为民办事的效率与质量；另一方面要提高公务人员的服务理念与服务态度，积极、主动、真诚地为公民服务。

三是采取多元化政府信任构建策略。针对不同类型公民的不同诉求，政府应着眼于公民的个体差异采取有针对性和差异化的政府信任构建策略，有效提升公民与政府的互动质量。一般而言，公民对于政府服务依赖性越强，通过公共服务本身带来的信任改善也越明显；公民越具有公共精神，则越关注公民对于政府的参与和监督，政府运作的公开性、透明性、参与性将更大程度上影响这类人群对于政府的整体评价信任态度。

三　政府绩效的提升

在政府信用与政府绩效关联机理结构方程模型中，政府周边绩效和政府任务绩效同属于内因潜变量，共同受到政府信用、政府信任的直接影响和间接影响。而就政府周边绩效、政府任务绩效的内部关系而言，周边绩效对任务绩效具有积极的促进作用，因此，本节将首先论述对于政府周边绩效的管理。

（一）政府周边绩效的培育

从实证分析结果可知，政府诚信、政府信任对政府周边绩效影响较为强烈，所以政府周边绩效的培育首先应按照上文提出的相关政策建议充分发挥政府诚信、政府信任的作用。另一方面，周边绩效也有其自身的发展规律。因此，对周边绩效的管理需要从多方面入手。

人力资源作用的发挥，很大程度上会受到个体主观能动性的制约。换句话说，只有当个体愿意付出时，才会表现出较高的周边绩效，反之则会大打折扣。因此，对于政府部门来说首要的工作就是在组织内部营造有利于激发周边绩效行为的工作氛围。一方面，要培育良好的行政组织文化。政府的诚信与善心指向的对象不仅包括公众，当然也包括政府的员工——公务员。政府诚信的代表程序公平原则在政府部门内部就应体现为薪资公平、福利公平及升迁公平。而政府善心在政府内部就应主要表现为组织或领导对公务员工作的认可和支持。当公务员认为自己要实施的行为会受到组织或领导的支持时，他才会倾向实施该行为。公务员越感到组织或领导的支持，越感到获得信任和尊重，越感到能融入组织的环境，就越会倾向于实施周边绩效行为（陈胜军等，2012）。另一方面，要提升公务员的主观工作幸福感。除了通过物质手段之外，更要重视通过宣传、氛围营造、先进学习等方式让公务员有荣誉感、满足感及主观幸福感。

公务员是否具备相应的职业素养，也是其能否产生周边绩效基础之一。由于这些职业素养可以通过学习获得，所以政府部门应通过多种途径的培训帮助公务员开发这方面的能力。在这方面，西方国家已经有了比较成熟的经验。例如在美国，自20世纪60年代"水门事件"之后，行政伦理培训日益受到重视。1978年成立的政府伦理办公室的一个重要使命就是负责伦理培训。具体工作包括：为白宫、下属机构、华盛顿地区的道德伦理培训者和工作者开设相关课程，公布《政府伦理培训最新项目》和其他伦理材料，协助、监督和评审下属机构的伦理培训项目（郭夏娟，2010）。这些伦理培训项目对于美国行政伦理建设起到了积极的促进作用。借鉴国外经验，即使在中央政府尚未制订统一计划的情况下，地方政府也应在自身权限范围内有计划地推进行政伦理培训，以提高公务员对职业道德的认知水平及自我道德选择能力，促使他们积极主动地履行道德准则，创造性地运用各种行为规范和伦理标准，增强履职的道德能力，从而表现出更多的周边绩效行为。当然，这方面的培训不应仅局限于行政伦理方面，领导力提升、公务员心理调适与减压、人际沟通与交流、自我学习与发展等课程同样应是培训的备选内容。

不过，希望公务员通过自身修养和努力达到"毫不利己，专门利人"，"全心全意为人民服务"的周边绩效至高境界可能并不现实，宣传教育、培训学习等工作做得再出色，恐怕还有某些公务员会不思进取，对工作敷衍了事，所以，必须有相应的规范来保证公务员达到底线要求的周边绩效。当前首要的任务就是要建立政府公职人员的职业道德标准。地方政府应探索建立适合于本地区、本部门实际工作的道德准则，以便于公务员遵循对照，也为有关部门和社会各界监督公务员行为提供客观依据和参照标准。此外，要注重对公务员"八小时外"的监督，应制定出台关于公务员"八小时外"生活的行为规范，建立个人重大事项报告制度、公开承诺制度等，并可聘请公务员家属、人大代表、政协委员、普通公民等作为义务监督员。最后，就尽快建立公务员个人效能档案，依法依规将公务员个人年度考核结果、相关违法违纪违约行为、廉政记录、社会服务记录等信息纳入档案，并作为考核评优、职级晋升、竞争上岗的重要参考依据，奖励提拔那些具有公德心、责任心、高成就动机及高水准职业道德与社会服务精神的公务员，进一步激励他们的周边绩效行为，同时为其他公务员作出示范。

（二）政府任务绩效的提高

在结构方程模型中，政府任务绩效受到其他 5 个潜变量的影响，是政府信用与政府绩效关联机理模型中终极性的内生潜变量。从理论上说，政府任务绩效是政府的使命、愿景和战略的重要表现形式，是决定地方政府竞争力和地方经济社会可持续发展的关键因素。政府任务绩效的提高是一个综合的系统工程，在充分发挥其他潜变量对其促进作用的同时，还需努力做好下面几项工作：

第一，建立、健全公共财政体制。政府任务绩效最主要的体现就是政府公共服务的水平和质量，而要提高公共服务水平和质量无疑是一件十分"烧钱"的事情。这就更加需要做大财力"蛋糕"，合理切割"蛋糕"，否则，财力投入越多，很可能效率越低、浪费越大。所以，建立、健全公共财政体制是提高政府任务绩效的基础。一是要进一步优化地方财政支出结构，完善预算支出标准体系，严格控制行政成本，加大财政支出向公共服务领域倾斜的力度，切实增加对社会公共服务领域的投入。二是要加大对基层政府的转移支付力度，优化一般性转移支付资金分配公式，提高一般性转移支付的规模和比例，规范专项转移支付，特别是要加大对农业县、欠发达地区县级政府在基本公共服务方面的转移支付力度。与主体功能区建设、生态补偿制度等相结合，建立实施转移支付的长效机制。三是科学划分政府间的责任权限。完善政府间的事权财权划分，合理界定各级政府的公共服务支出责任、管理责任和监督责任，调整和理顺各级政府的财政分配关系。中央政府、省级政府是公共服务均等化的责任主体，要通过转移支付、政策支持等手段，统筹推进全国、省级范围内的基本公共服务均等化。县级政府是基本公共服务的实施主体，负责辖区内的教育、医疗、社会保障等基本公共服务供给，要统筹考虑财力分配，推进管理重心、服务重心下移，不断提高县级政府提供基本公共服务的能力。

第二，构建政府为主导的公共服务多元供给机制。提供公共服务是政府的当然责任，但这并不意味着所有的公共服务都必须由政府直接生产。公共服务供给的理论与实践表明，政府、市场组织和社会组织在公共服务供给中各具优势，只有三者"合作"提供公共服务，才可使供给效率倾向于逼近最优（张开云等，2010）。为此，一方面，要调整政府职能，强化政府提供基本公共服务的能力。当前，政府广泛"干预"或"进入"被认为是"市场失灵"的领域，例如具有自然垄断性的公共基础设施、医疗保健、社会救济、社会福利及环境保护等，导致职能范围扩大，削弱了地方政府供给基本公共服务的能力。在这种局面下，县级政府有必要调整其职能，构建有限但有效的政府，突出保障与民生密切相关的基本公共服务的能力，同时也为社会力量和市场力量参与公共服务供给提供空间。另一方面，要发展社会组织，推动公共服务领域体制机制创新。政府由于受到自身能力与所掌握资源的限制，不可能单独承担起供给所有公共服务的责任。而且，社区通常比官僚机构更了解自身的问题，也会更关切服务对象（奥斯本、盖布勒，2006）。因此，有必要建立政府主导、市场和社会充分参与，协同治理的公共服务供给机制。要进一步深化公共服务领域体制机制的改革和创新，放宽市场准入，选择一些具有部分非排他性或部分竞争性特征的公共服务引导鼓励社会资本参与供给，可通过委托代理、用者付费、内部市场、合同外包、特许经营等多种方式，或者采取政府与社会组织或私人资本合作供给，从而实现地方公共服务供给的主体多元化、资金多渠道、公共服务社会化和与市场化。值得注意的是，在公共服务供给社会化和市场化的过程中，"一个决定性的挑战是对引进私营部门的过程进行管理"（萨瓦斯，2002），地方政府在确保竞争效率的同时也要注重公平。

第三，建立地方政府公共服务供给考评机制与监督机制。通过建立以公共服务质量为重要导向的政府绩效考评体系，强化对公共部门的约束引导，提高政府提供公共服务的效率和水平。要将公共服务质量和公民满意度纳入政绩考核体系，建立激励约束兼顾、面向公众需求的公共服务供给质量考评体系。同时，引入外部考评机制，引导社会中介机构和公众对公共服务供给质量进行评价，保障公众参与的权利，形成多元化考评主体。按照导向性、整体性和客观性的原则，根据县级政府所提供的公共服务范围及发展要求，结合整体考评和类别考评需要，设计一套完整、科学、合理的考评指标体系，全面反映和考评公共服务供给质量以及政策的实施效果。考评结果及时向社会公布，并作为下一年制订公共服务质量改进方案的依据。最后，在此基础上建立相应的行政问责机制，强化政府对公共服务供给质量的监管职责。

　　在综合考虑各潜变量间的影响关系和上述政策建议的基础上，便可勾勒出建设守法守信、高效廉洁县级政府的整体推进方案（如图7.1所示）。这一方案既考虑到了各因素间的协同作用，也考虑到了各因素自身的优化路径。

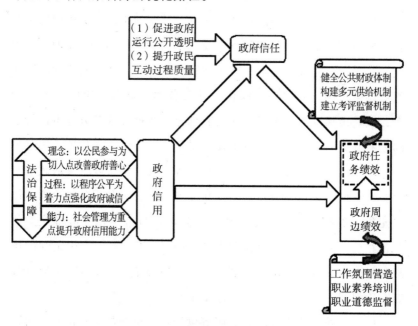

图7.1　建设守信高效县级政府整体推进方案图

第八章　结论与展望

本章将概述研究的主要结论，指出研究的创新意义与不足之处，在此基础上对未来研究的可能方向加以展望。

一　研究的主要结论

本研究在中国社会治理转型，行政体制改革不断深入的大背景下，针对地方政府信用缺失、绩效偏低等关键性问题，参考借鉴国内外组织信用研究的相关成果，建立了一个基于组织信用的组织绩效分析框架，然后在地方政府竞争的条件下，依托资源基础理论、积极组织学说等理论构建了细化的政府信用与政府绩效关联机理的概念模型，并提出了具体的研究假设。根据所提出的概念模型，研究开发设计了具有较高信度和效度的调查问卷。根据预调查结果修正问卷之后，通过各种途径共发放问卷 1275 份，回收得到有效问卷 965 份。基于这些数据，研究者进行了一系列统计分析和结构方程建模，分析了政府信用与政府绩效之间的相互依存关系和关联机理。同时，研究采用系统动力学的方法对政府信用与政府绩效之间的关系进行了仿真模拟分析，对其发展趋势进行预测。最后，研究依据实证分析结果并结合县级政府实际情况提出了相关政策建议。本研究得到了以下主要结论：

（1）基于组织信用的组织绩效分析框架。在系统总结梳理以往相关研究的基础上，延伸了研究的因果链条，指出较之于信任，组织信用才是影响组织绩效的根本性变量，并由此提出了一个基于组织信用的组织绩效分析框架。在这个分析框架中，组织之间的竞争是组织信用发挥作用的前提条件，在竞争过程中，组织信用本身及其所引发的组织内信任与组织外信任共同铸造了组织的竞争优势，组织绩效则是这种竞争优势自然的体现。

（2）政府信用与政府绩效关联机理的概念模型。根据基于组织信用的组织绩效分析框架，依托资源基础理论、积极组织学说等理论，通过文献回顾以及逻辑推演，指出政府信用不仅可以直接作用于政府绩效，也可以通过政府信任的中介作用间接影响政府绩效，在此基础上提出了细化的研究假设，进而得到了政府信用影响政府绩效的总体概念模型。

（3）政府信用、政府绩效的评价量表。根据国外权威研究成果提出了政府信用、政府绩效的理论构思，按照量表编制的理论与方法，在文献调研、专家访谈基础上编制了初始评价量表。预调查结果初步证明量表具有较高的信度与效度。在大规模调查之后，又对量表的结构进行验证性因子分析，进一步证明相关构念理论构思是科学合理的。同时，对初始评价量表进行了微调，确立了最终的评价量表。其中，政府信用评价量表包含政府信用能力、政府善心、政府诚信3个维度共13个测度指标，政府绩效评价量表包含政府任务绩效、政府周边绩效2个维度共9个测度指标。

（4）政府信用、政府绩效的实际水平。基于问卷调查的数据，对县级政府信用和绩效水平进行了描述性统计分析。就政府信用状况而言，县级政府的信用状况处于中等略偏上的水平。具体来看，政府善心维度的平均得分显著地低于政府信用能力维度和政府诚信维度的平均得分，中部地区县级政府的平均得分显著地低于东部地区和西部地区县级政府。就政府绩效状况而言，县级政府的绩效状况处于中等偏上的水平，所有指标的平均得分都超过了4分，表现要好于政府信用。分项目来看，县级政府在政府任务绩效维度上的平均得分要高于在政府周边绩效上的得分，但不具有统计显著性的差异。分地区来看，东部地区县级政府的平均得分最高，西部地区县级政府的平均得分略低于东部地区，中部地区县级政府的平均得分显著低于东部地区，再次在三大地区中排名最后。

（5）政府信用与政府绩效的关联强度。研究采用典型相关分析考察政府信用与政府绩效的整体相关性，发现政府信用与政府绩效两组变量间共可提取 10 对典型变量，前 5 对典型变量间的相关系数达到统计显著性水平。其中，解释力最强的第一对典型变量的相关系数达到 0.806，说明政府信用与政府绩效两组变量间存在着紧密的相互依存关系，对两者关联机理的考察具有坚实的基础。

（6）基于 SEM 分析的政府信用与政府绩效关联机理。运用结构方程模型对概念模型进行检验，经过两次修正之后，结构方程模型达到了较好的拟合优度，与实际数据实现了良好的适配。统计检验结果否定了假设"政府善心对政府任务绩效具有显著正向的影响"和假设"政府善心对政府周边绩效具有显著正向的影响"，而其余假设均得到了证实。模型修正过程中新增的假设"政府周边绩效对政府任务绩效具有显著正向的影响"也得到了证实。从对政府信任的影响来看，政府信用能力、政府善心、政府诚信对其都具有显著正向的影响且影响强度依次增大。从对政府周边绩效的影响来看，政府诚信的总体影响强度最大，政府信任的影响次之，政府善心和政府信用能力的影响强度相对较弱。从对政府任务绩效的影响来看，政府诚信的直接影响虽然不是很大，但总体影响仍然是最强的，政府信任的直接作用最大，总体影响则位居第二，接下来依次是政府周边绩效、政府信用能力及政府善心。此外，研究还运用路径分析对东部、中部、西部三大地区政府信用与政府绩效的关联机理进行了揭示，发现不同地区路径分析的结果与所有地区结构方程模型分析结果是基本一致的，但不同地区的作用机理存在一定差异。

（7）基于 SD 模拟的政府信用与政府绩效关联机理。本章基于统计年鉴所得数据，以行政管理支出代表政府信用，人均 GDP 增长率、人均 GDP 代表政府绩效，在深入阐明财政支出结构对于经济增长影响机理之后，建立了行政管理支出作用于经济增长的因果关系图和系统流图，然后运用 Vensim 软件进行仿真模拟并对比分析了不同行政管理支出增长方案下的仿真结果。研究发现不同方案的仿真结果虽然在开始阶段差异不大，但随着时间的推移，差异逐渐显现。具体而言，行政管理支出增长率越低，人均 GDP 增长率就会越快，人均 GDP 也越高。相应地，行政管理支出占 GDP 比重自然就会更低。系统动力学分析从反面同样表明政府信用对政府绩效具有积极正向的影响，这与结构方程模型的分析结果总体一致。

（8）政策建议。根据实证分析结果和全面深化改革对县级政府治理转型的要求，提出了相关政策建议。在政府信用方面，应以程序公平为着力点塑造政府诚信，以公民参与为切入点改善政府善心，以社会管理为重点提升政府信用能力。作为联系政府信用与政府绩效纽带的政府信任，除了要发挥政府信用对其正向影响以外，还应通过促进政府运行公开透明（包括完善政府信息公开相关制度及其实施标准，丰富政府信息公开的渠道与形式，推动政府部门权力运行信息公开），提升政民互动过程质量（包括构建积极友好的政民互动模式，提高公务人员服务理念和服务技能，采取多元化政府信任构建策略）来凝聚公众的政府信任情感。政府周边绩效的培育首先需要在组织内部营造有利于激发周边绩效行为的工作氛围，同时应通过培训帮助公务员提高职业素养，此外必须有相应的职业道德规范来保证公务员实现一定程度的周边绩效。政府任务绩效的提高除了要充分发挥其他潜变量对其促进作用，还有必要建立健全公共财政体制，构建公共服务多元供给机制，建立地方政府公共服务供给考评机制与监督机制。在此基础上，研究提出了建设守法守信、高效廉洁县级政府的整体推进方案。

二 研究的主要创新点

本专著按照科学研究的范式，以文献述评—分析框架构建—问卷设计与实际测度—统计建模分析—仿真模拟分析—政策建议为研究的主线，创新之处主要体现在以下几个方面：

第一，研究考察问题的创新性。以往对组织信用与绩效关系的研究几乎都是以私营组织为对象展开的，对政府这个特殊且重要的公共组织的信用与绩效关系的研究十分匮乏。本专著在对政府信用、政府绩效的内涵、结构要素及测量指标研究基础上，重点考察了政府信用与政府绩效的关联机理，通过分析深入揭示政府信用对政府绩效的影响机理，从而有助于弥补了这方面的研究空白。

第二，研究方法运用的创新性。本专著严格按照管理学的研究范式，除了在理论研究部分运用文献研究、专家咨询、深度访谈等质化研究方法外，还在实证研究部分综合运用描述性统计分析、方差分析、因子分析、典型相关分析、结构方程模型、系统动力学等量化研究方法。多种研究方法的研究结果相互印证、相互补充、相互演进，有力地保证了研究结果的科学性与可靠性。

第三，研究所得成果的创新性。在深入分析的基础上，本专著得到了一些富有创新性的成果，最主要的三项分别是：（1）基于组织信用的组织绩效分析框架。在梳理总结以往相关研究的基础上，延伸了研究的因果链条，构建了一个基于组织信用的组织绩效分析框架，并论证了这一分析框架对于政府组织同样适用。随后，本研究依托资源基础理论、积极组织学说等理论提出了具体的研究假设，最终构建出一个可供实证检验的概念模型。这拓展了组织信用与绩效关系研究的范围，并从理论上较好地阐明了政府信用对政府绩效的影响机理。（2）结构方程模型分析所得结果。根据概念模型，建立了政府信用与政府绩效关联机理结构方程模型，分析结果证明了政府信用对于政府绩效具有积极的促进作用，而其中政府诚信对于政府信任、政府周边绩效、政府任务绩效的影响强度都是最大的。这表明对于县级政府而言，以合规性、公平性为核心内涵的政府诚信才是政府信任和政府绩效提升的主要动力，而非普遍认为的政府能力，从而也凸显当前加快建设法治政府，提升政府软实力的必要性。(3)SD 模拟分析所得结果。在阐明财政支出结构对于经济增长影响机理的基础上建立了行政管理支出（代表政府信用）作用于经济增长（代表政府绩效）的因果关系图和系统流图，然后运用 Vensim 软件进行仿真模拟并对比分析了不同行政管理支出增长方案下的仿真结果。结果表明行政管理支出增长率越低，人均 GDP 增长率就会越快，人均 GDP 也会越高，而且这种差异随着时间的推移日趋明显。这从反面同样表明政府信用对政府绩效具有积极正向的影响。

三　研究不足与展望

由于受到各方面条件的限制，本研究也存在一些不足之处，主要有以下两个方面：

一是调查范围有所局限。本研究的调查对象虽然在社会阶层方面的分布较为均衡，但是地区分布却很不均衡。大部分被调查者都来自于东部沿海省份，中部地区特别是西部地区的有效问卷数明显偏少。这使得中部地区特别是西部地区的路径分析结果不是很稳健，在一定程度上削弱了研究的外部效度。

二是模型构建有所欠缺。由于可参考借鉴的文献很少，而且一些概念也很难操作化，所以研究构建的结构方程模型比较简单，只有政府信任一个中间变量，而政府信用与政府绩效之间应该还有其他影响路径有待发掘。

此外，研究主要是运用数理统计和结构方程建模分析政府信用与政府绩效的关联机理，虽已能较好地反映所调查地区的政府信用与政府绩效关联机理的总体状况，但由于研究未开展对典型地区的案例研究，因而可能对政府信用影响政府绩效具体机制的揭示深度存在不足。

根据以上不足，今后的研究可以在以下几个方面进行深化与拓展。第一，扩大实证调查范围。可以采用分层随机抽样（stratified random sampling）法，如在东部、中部、西部地区各抽取 100 个县级行政区域作为研究样本，在扩大样本容量的基础上构建总体结构方程模型，并对三大地区分别建立结构方程模型。第二，细化研究概念模型。今后研究应通过更深入的理论分析找出影响政府信用与政府绩效关联机理的其他中间变量及调节变量，例如政府执行力就是一个可能的中间变量。同时，也有必要深入阐明地方政府竞争对于地方政府信用的影响机制，然后在此基础上构建更精细的概念模型。第三，今后研究应加强对政府信用与政府绩效关联机理的经验分析和案例研究，可在不同区域选取若干个县级行政单位进行深入剖析，以补充验证统计分析所得结论，从而把定量研究与定性研究各自的优势更好地结合起来。

参考文献

［1］ Adler, P. S. & Kwon, S. W. （2002）. Social Capital: Prospects for a New Concept. *Academy of Management Review*, 27 （1）, 17—40.

［2］ Amit, R. & Schoemaker, P. J. H. （1993）. Strategic Assets and Organizational Rent. *Strategic Management Journal*, 14 （1）, 33—46.

［3］ Andrews, R. & Boyne, G. A. （2010）. Capacity, Leadership, and Organizational Performance: Testing the Black Box Model of Public Management. *Public Administration Review*, 70 （3）, 443—454.

［4］ Arrow, K. J. （1974）. *The Limits of Organization.* New York: *W. W. Norton.*

［5］ Aryee, S. , Budhwar, P. S. & Chen, Z. X. （2002）. Trust as a Mediator of the Relationship between Organizational Justice and Work Outcomes: Test of a Social Exchange Model. *Journal of Organizational Behavior*, 23 （3）, 267—285.

［6］ Axelrod, R. （1997）. Advancing the Art of Simulation in the Social Sciences. *Complexity*, 3 （2）, 16—22.

［7］ Ayres, I. & Braithwaite, J. （1992）. *Responsive Regulation.* Oxford: Oxford University Press.

［8］ Barney, J. B. （1991）. Firm Resources and Sustained Competitive Advantage. *Journal of Management*, 17 （1）, 99—120.

[9] Barney, J. B. (2001). *Gaining and Sustaining Competitive Advantage.* New Jersey: Prentice Hall.

[10] Barney, J. B., &Arikan, A. (2002). The Resource - based View: Origins and Implications. In M. A. Hitt., R. E. Freeman & J. H. Harrison (eds.), *The Blackwell Handbook of Strategic Management* (pp. 124—188). Malden, Mass. : Blackwell.

[11] Barney, J. B. & Griffin, R. W. (1992). *The Management of Organizations: Strategy, Structure, Behavior.* Boston, MA: Houghton Mifflin Company.

[12] Barro, R. J. (1991). Economic Growth in a Cross Section of Countries. *Quarterly Journal of Economics*, 106 (2), 407—443.

[13] Behn, R. D. (1995). The Big Questions of Public Management. *Public Administration Review*, 55 (4), 313—324.

[14] Black, J. A. & Boal, K. B. (1994). Strategic Resources: Traits, Configurations and Paths to Sustainable Competitive Advantage. *Strategic Management Journal*, 15 (Summer), 131—148.

[15] Borman, W. C. & Motowidlo, S. J. (1993). Expanding the Criterion Domain to Include Elements of Contextual Performance. In N. Schmitt & W. C. Borman (Eds.), *Personnel Selection in Organization* (pp. 71—98). San Francisco: Jossey - Bass.

[16] Boyne, G. A. & Law, J. (2005). Setting Public Service Outcome Targets: Lessons from Local Public Service Agreements. *Public Money & Management*, 25 (4), 253—260.

[17] Brammer, S. J., Brooks, C. & Pavelin, S. Corporate Reputation and Stock Returns: Are Good Firms Good for Investors? Retrieved Feb. 23, 2010 from http: //ssrn. com/abstract = 637122.

[18] Byrne, B. M. (2001). *Structural Equation Modeling with AMOS: Basic Concepts, Applications, and Programming.* Mahwah, NJ: Lawrence Erlbaum.

［19］Caldwell, C. & Clapham, S. E. （2003）. Organizational Trustworthiness: An International Perspective. *Journal of Business Ethics*, 47 （4）, 349—364.

［20］Cameron, K. S. （2003）. Organizational Virtuousness and Performance. In K. S. Cameron, J. E. Dutton & R. E. Quinn （Eds. ）, *Positive Organizational Scholarship* （pp. 48—65）. San Francisco: Berrett - Koehler.

［21］Chanley, V. A. （2002）. Trust in Government in the Aftermath of 9/11: Determinants and Consequences. *Political Psychology*, 23 （3）, 469—483.

［22］Chanley, V. A. , Rudolph, T. J. & Rahn, W. M. （2000）. The Origin and Consequences of Public Trust in Government: A Time Series Analysis. *Public Opinion Quarterly*, 64 （3）, 239—257.

［23］Chaudhuri, A. &Gangadharan, L. （2007）. An Experimental Analysis of Trust and Trustworthiness. *Southern Economic Journal*, 73 （4）, 959—985.

［24］Cho, Y. J. &Ringquist, E. J. （2011）. Managerial Trustworthiness and Organizational Outcomes. *Journal of Public Administration Research and Theory*, 21 （1）, 53—86.

［25］Chowdhury, S. （2005）. The Role of Affect - and Cognition - Based Trust in Complex Knowledge Sharing. *Journal of Managerial Issues*, 17 （3）, 310—326.

［26］Citrin, J. &Luks, S. （2001）. Political Trust Revisited: Déjà Vu All Over Again? In J. R. Hibbing & E. Theiss - Morse （eds. ）, *What Is It about Government That Americans Dislike?* （pp. 9—27）. New York: Cambridge University Press.

［27］Clinton, W. J. （1993）. Remarks and a Question - and - Answer Session on the National Performance Review in Houston. Retrieved September 11, 2012 from http: //www. presidency.

ucsb. edu/ws/? pid =47061.

[28] Colquitt, J. A. Scott, B. A. & LePine, J. A. (2007). Trust, Trustworthiness, and Trust Propensity: A Meta – Analytic Test of Their Unique Relationships With Risk Taking and Job Performance. *Journal of Applied Psychology*, 92 (4), 909—927.

[29] Conway, J. M. (1996). Additional Construct Validity Evidence for the Task/Contextual Performance Distinction. *Human Performance*, 9 (4), 309—329.

[30] Cooper, C. A. , Knotts, H. G. & Brennan, K. M. (2008). The Importance of Trust in Government for Public Administration: The Case of Zoning. *Public Administration Review*, 68 (3), 459—468.

[31] Coplin, W. D. , Merget, A. E. & Bourdeaux, C. (2002). The Professional Researcher as Change Agent in the Government – Performance Movement. *Public Administration Review*, 62 (6), 699—711.

[32] Cusack, T. R. (1999). Social Capital, Institutional Structures, and Democratic Performance: A Comparative Study of German Local Governments. *European Journal of Political Research*, 35 (1), 1—34.

[33] Dalton, R. J. (2000). Citizen Attitudes and Political Behavior. *Comparative Political Studies*, 33 (6—7), 912—940.

[34] Delaney, J. T. , &Huselid, M. A. (1996). The Impact of Human Resource Management Practices on Perceptions of Organizational Performance. *Academy of Management Journal*, 39 (4), 949—969.

[35] Devarajan, S. , Swaroop, V. & Zou, H. F. (1996). The Composition of Public Expenditures and Economic Growth. *Journal of Monetary Economics*, 37 (2), 313—344.

[36] Driscoll, J. W. (1978). Trust and Participation in Organizational Decision Making as Predictors of Satisfaction. *Academy of Management Journal*, 21 (1), 44—56.

［37］ Dyer, J. H. & Chu, W. J. （2003）. The Role of Trustworthiness in Reducing Transaction Costs and Improving Performance: Empirical Evidence from the United States, Japan, and Korea. *Organization Science*, 14 （1）, 57—68.

［38］ Forrester, J. W. （1980）. System Dynamics – Future Opportunities. In A. A. Legasto, J. W. Forrester & J. M. Lyneis （Eds.）, *System Dynamics* （pp. 7—21）. Amsterdam: North Holland.

［39］ Frenkel, S. J. , Korczynski, M. , Shire, K. A. & Tam, M. （1999）. *On the Front Line: Organization of Work in the Information Economy*. Ithaca, NY: Industrial and Labor Relations Press.

［40］ Frenkel, S. & Orlitzky, M. （2005）. Organizational Trustworthiness and Workplace Labor Productivity: Testing a New Theory. *Asia Pacific Journal of Human Resources*, 43 （1）, 34—51.

［41］ Fukuyama, F. （1995）. *Trust: The Social Virtues and the Criterion of Prosperity*. New York: The Free Press.

［42］ Garment, S. （1991）. *Scandal: The Crisis of Mistrust in American Politics*. New York: Random House.

［43］ Gittell, J. H. , Cameron, K. , Lim, S. & Rivas, V. （2006）. Relationships, Layoffs, and Organizational Resilience: Airline Industry Responses to September 11. *Journal of Applied Behavioral Science*, 42 （3）, 300—329.

［44］ Grant, R. M. （2002）. *Contemporary Strategy Analysis: Concepts, Techniques, Applications*. Oxford: Blackwell Publisher.

［45］ Grönlund, K. & Setälä, M. （2012）. In Honest Officials We Trust: Institutional Confidence in Europe. *American Review of Public Administration*, 42 （5）, 523—542.

［46］ Gupta, S. , Clements, B. , Baldacci, E. & Mulas – Granados, C. （2005）. Fiscal Policy, Expenditure Composition, and Growth in Low – income Countries. *Journal of International Money and Finance*,

24 (3), 441—463.

[47] Hardin, R. (2004). *Trust and Trustworthiness*. New York: Russell Sage Foundation.

[48] Hassan, S. (2013). Does Fair Treatment in the Workplace Matter? An Assessment of Organizational Fairness and Employee Outcomes in Government. *American Review of Public Administration*, 43 (5), 539—557.

[49] Heinrich, C. J. (2002). Outcomes – Based Performance Management in the Public Sector: Implications for Government Accountability and Effectiveness. *Public Administration Review*, 62 (6), 712—725.

[50] Helfat, C. E. & Peteraf, M. A. (2003). The Dynamic Resource – Based View: Capability Lifecycles. *Strategic Management Journal*, 24 (10), 997—1010.

[51] Hennart, J. F. (1993). Explaining the Swollen Middle: Why Most Transactions Are a Mix of "Market" and "Hierarchy". *Organization Science*, 4 (4), 529—547.

[52] Herian, M. N. , Hamm, J. A. , Tomkins, A. J. & Pytlik Zillig, L. M. (2012). Public Participation, Procedural Fairness, and Evaluations of Local Governance: The Moderating Role of Uncertainty. *Journal of Public Administration Research and Theory*, 22 (4), 815—840.

[53] Hibbing, J. R. & Theiss – Morse, E. (2002). *Stealth Democracy: Americans' Beliefs About How Government Should Work*. Cambridge: Cambridge University Press.

[54] Hodson, R. (2004). Organizational Trustworthiness: Findings from the Population of OrganizationalEthnographies. *Organization Science*, 15 (4), 432—445.

[55] Ingraham, P. W. Joyce, P. G. , & Donahue, A. K.

（2003）. *Government Performance*: *Why Management Matters*. Baltimore: Johns Hopkins University Press.

［56］ ISSP. （2006）. Role of Government IV: Basic Questionnaire. Retrieved May 11, 2011 from http: //www. issp. org/page. php? pageId =4.

［57］ Kamarck, E. C. （2000）. Globalization and Public Administration Reform. In J. S. Nye & J. D. Donahue （Eds. ）, *Governance in a Globalizing World* （pp. 229—252）. Washington, D. C. : Brookings Institution Press.

［58］ Kaplan, R. S. & Norton, D. P. （1992）. The Balanced Scorecard: Measures that Drive Performance. *Harvard Business Review*, 70 （1）, 71—79.

［59］ Keele, L. （2005）. The Authorities Really Do Matter: Party Control and Trust in Government, *Journal of Politics*, 67 （3）, 873—886.

［60］ Keele, L. （2007）. Social Capital and the Dynamics of Trust in Government. *American Journal of Political Science*, 51 （2）, 241—254.

［61］ Kelleher, C. A. & Wolak, J. （2007）. Explaining Public Confidence in the Branches of State Government. *Political Research Quarterly*, 60 （4）, 707—721.

［62］ Kim, S. E. （2005）. The Role of Trust in the Modern Administrative State: An Integrative Model. *Administration & Society*, 37 （5）, 611—635.

［63］ King, D. C. （1997）. The Polarization of American Parties and Mistrust in Government. In J. S. Nye, Jr. , P. D. Zelikow, & D. C. King （Eds. ）, *Why People Don't Trust Government* （pp. 155—178）. Cambridge: Harvard University Press.

［64］ Kline, R. B. （1998）. *Principles and Practice of Structural*

Equation Modeling. New York: Guilford Press.

[65] Kotha, S. , Rajgogal, S. , & Rindova, V. (2001). Reputation Building and Performance: An Empirical Analysis of the Top—50 Pure Internet Firms. *European Management Journal*, 19 (6), 570—586.

[66] Kramer, R. M. (1999). Trust and Distrust in Organizations: Emerging Perspectives, Enduring Questions. *Annual Review of Psychology*, 50 (1), 569—598.

[67] Kramer, R. M. & Tyler, T. R. (1996). *Trust in Organizations: Frontiers of Theory and Research*. Thousand Oaks, CA: Sage.

[68] La Porta, R. , Lopez – de – Silanes, F. , Shleifer, A. & Vishny, R. (1999). The Quality of Government. *Journal of Law, Economics and Organization*, 15 (1), 222—279.

[69] Leana, C. R. & Van Buren, H. J. (1999). Organizational Social Capital and Employment Practices. *Academy of Management Review*, 24 (3), 538—555.

[70] Levi, M. (1998). Of Rule and Revenue. Berkeley: University of California Press.

[71] Levi, M. & Stoker, L. (2000). Political Trust and Trustworthiness. *Annual Review of Political Science*, 3, 475 – 507.

[72] Lind, A. E. & Tyler, T. R. (1988). *The Social Psychology of Procedural Justice*. New York: Plenum.

[73] Lindell, M. K. & Whitney, D. J. (2001). Accounting for Common Method Variance in Cross – Sectional Research Designs. *Journal of Applied Psychology*, 86 (1), 114 – 121.

[74] MacAdam, R. & Walker, T. (2003). Evaluating the Best Value Framework in UK Local Government Services. *Public Administration and Development*, 24 (3), 183—196.

[75] Mansbridge, J. (1997). Social and Cultural Causes of Dissatisfaction with U. S. Government. In J. S. Nye, Jr. , P. D. Zelikow &

D. C. King (Eds.), *Why People Don't Trust Government* (pp. 133—153). Cambridge: Harvard University Press.

[76] Mayer, R. C., Davis, J. H. &Schoorman, F. D. (1995). An Integrative Model of Organizational Trust. *Academy of Management Review*, 20 (3), 709—734.

[77] McAllister, I. (1999). The Economic Performance of Governments. In P. Norris (Eds.), *Critical Citizens: Global Support for Democratic Governance* (pp. 188—203). New York: Oxford University Press.

[78] Michalisin, M., Kline, D. M. & Smith, R. D. (2000). Intangible Strategic Assets and Firm Performance: A Multi Industry Study of the Resource Based View. *Journal of Business Strategies*, 17 (2), 93—117.

[79] Moynihan, D. P. & Pandey, S. K. (2005). Testing How Management Matters in an Era of Government by Performance Management. *Journal of Public Administration Research and Theory*, 15 (3), 421—439.

[80] Muchinsky, P. M. (1977). Organizational Communication: Relationships to Organizational Climate and Job Satisfaction. *Academy of Management Journal*, 20 (4), 592—607.

[81] Newton, K. & Norris, P. (2000). Confidence in Public Institutions: Faith, Culture, or Performance. In S. J. Pharr & R. D. Putnam (eds.), *Disaffected Democracies: What's Troubling the Trilateral Democracies* (pp. 52—73). Princeton: Princeton University Press.

[82] North, D. C. (1990). *Institutions, Institutional Change and Economic Performance.* New York: Cambridge University Press.

[83] Ocampo, J. A. (2006). *Congratulatory Message*, The Regional Forum on Reinventing Government in Asia. Seoul, Korea: United

Nations Department of Economic and Social Affairs and the Ministry of Government Administration and Home Affairs, Republic of Korea.

[84] Olson, M. (1993). Dictatorship, Democracy, and Development. *American Political Science Review*, 87 (3), 567—576.

[85] Olson, M. (2000). *Power and Prosperity: Outgrowing Communist and Capitalist Dictatorships*. New York: Basic Books.

[86] Orren, G. (1997). Fall from Grace: The Public's Loss of Faith in Government. In J. S. Nye, Jr., P. D. Zelikow & D. C. King (Eds.), *Why People Don't Trust Government* (pp. 77—108). Cambridge: Harvard University Press.

[87] Parks, C. D. &Hulbert, L. G., (1995). High and Low Trusters' Responses to Fear in a Payoff Matrix. *Journal of Conflict Resolution*, 39 (4), 718—730.

[88] Parks, C. D., Henager, R. F. & Scamahorn, S. D. (1996). Trust and Reactions to Messages of Intent in Social Dilemmas. *Journal of Conflict Resolution*, 40 (1), 134—151.

[89] Paxton, P. (1999). Is Social Capital Declining in the United States? A Multiple Indicator Assessment. *American Journal of Sociology*, 105 (1), 88—127.

[90] Peters, B. G. (1999). *American Public Policy: Promise and Performance*, 5th ed. New York: Chatham House.

[91] Podsakoff, P. M. & Organ, D. W. (1986). Self – reports in Organizational Research: Problems and Prospects. *Journal of Management*, 12 (4), 531—544.

[92] Podsakoff, P. M., MacKenzie, S. B., Paine, J. B. & Bachrach, D. G. (2000). Organizational Citizenship Behaviors: A Critical Review of the Theoretical and Empirical Literature and Suggestions for Future Research, *Journal of Management*, 26 (3), 513—563.

[93] Pritchett, L. (1996). Mind Your P's and Q's: The Cost

of Public Investment is Not the Value of Public Capital. World Bank Working Paper 1660.

[94] Putnam, R. D. (1993). *Making Democracy Work: Civic Traditions in Modern Italy*. Princeton: Princeton University Press.

[95] Putnam, R. D. (2000). *Bowling Alone: The Collapse and Revival of American Community*. New York: Simon & Schuster.

[96] Rainey, H. G. & Steinbauer, P. (1999). Galloping Elephants: Developing Elements of a Theory of Effective Government Organizations. *Journal of Public Administration Research and Theory*, 9 (1), 1—32.

[97] Remler, D. K. & Van Ryzin, G. G. (2011). *Research Methods in Practice: Strategies for Description and Causation*. Thousand Oaks, CA: Sage Publications, Inc.

[98] Rice, T. W. & Sumberg, A. F. (1997). Civic Culture and Government Performance in the American States. *Publius*, 27 (1), 99—114.

[99] Roberts, P. W., & Dowling, G. R. (2002). Corporate Reputation and Sustained Superior Financial Performance. *Strategic Management Journal*, 23 (12), 1077—1093.

[100] Rubin, E. V. (2009). The Role of Procedural Justice in Public Personnel Management: Empirical Results from the Department of Defense. *Journal of Public Administration Research and Theory*, 19 (1), 125—143.

[101] Rudolph, T. J. & Evans, J. (2005). Political Trust, Ideology, and Public Support for Government Spending. *American Journal of Political Science*, 49 (3), 660—671.

[102] Rumelt, R. (1984). Towards a Strategic Theory of the Firm. In R. B. Lamb (eds.), *Competitive Strategic Management* (pp. 556—570). Englewood Cliffs, NJ: Prentice Hall.

[103] Sable, C. F. (1993). Studied Trust: Building New Forms of Cooperation in a Volatile Economy. In R. Swedberg (Eds.), *Explorations in Economic Sociology* (pp. 104—144). Thousand Oaks, CA: Sage.

[104] Schoorman, F. D. Mayer, R. C., & Davis, J. H. (2007). An Integrative Model of Organizational Trust Past, Present and Future. *Academy of Management Review*, 32 (2), 344—354.

[105] Schotter, A. & Sopher, B. (2006). Trust and Trustworthiness in Games: An Experimental Study of Intergenerational Advice. *Experimental Economics*, 9 (2), 123—145.

[106] Smith, K. G., Carroll, S. J., &Ashford, S. J. (1995). Intra - and Interorganizational Cooperation: Toward a Research Agenda. *Academy of Management Journal*, 38 (1), 7—23.

[107] Svara, J. H. (1990). *Official Leadership in the City*. Oxford: Oxford University Press.

[108] Tavits, M. (2006). Making Democracy Work More? Exploring the Linkage between Social Capital and Government Performance. *Political Research Quarterly*, 59 (2), 211—225.

[109] Teo, T. (2011). Considering Common Method Variance in Educational Technology Research. *British Journal of Educational Technology*, 42 (5), 94—96.

[110] Thomas, C. W. (1998). Maintaining and Restoring Public Trust in Government Agencies and Their Employees. *Administration & Society*, 30 (2), 166—193.

[111] Tyler, T. R. (1998). Trust and Democratic Government. In V. Braithwaite & M. Levi (Eds.), *Trust and Governance* (pp. 269—294). New York: Russell Sage Foundation.

[112] Tyler, T. R. (2001). The Psychology of Public Dissatisfaction with Government. In J. R. Hibbing & E. Theiss - Morse (eds.),

What Is It about Government That Americans Dislike? (pp. 227—242). New York: Cambridge University Press.

[113] Tyler, T. R. (2006) . *Why People Obey the Law*. Princeton: Princeton University Press.

[114] Van Ryzin, G. G. (2011) . Outcomes, Process, and Trust of Civil Servants. *Journal of Public Administration Research and Theory*, 21 (4), 745—760.

[115] Van Ryzin, G. G. , Muzzio, D. , Immerwahr, S. , Gulick, L. & Martinez, E. (2004) . Drivers and Consequences of Citizen Satisfaction: An Application of the American Customer Satisfaction Index Model to New York City. *Public Administration Review*, 64 (3), 331—341.

[116] Walker, R. M. & Boyne, G. A. (2006) . Public Management Reform and Organizational Performance: An Empirical Assessment of the UK Labour Government's Public Service Improvement Strategy. *Journal of Policy Analysis and Management*, 25 (2), 371—393.

[117] Walker, R. M. , Damanpour, F. & Devece, C. A. (2011) . Management Innovation and Organizational Performance: The Mediating Effect of Performance Management. *Journal of Public Administration Research and Theory*, 21 (2), 367—386.

[118] Webber, S. S. (2002) . Leadership and Trust Facilitating Cross – functional Team Success. *Journal of Management Development*, 21 (3), 201—214.

[119] Wernerfelt, B. (1984) . A Resource – based View of the Firm. *Strategic Management Journal*, 5 (2), 171—180.

[120] Williamson, O. E. (1991) . Comparative Economic Organization: The Analysis of Discrete Structural Alternatives. *Administrative Science Quarterly*, 36 (2), 269—296.

[121] Yeoh, P. & Roth, K. (1999) . An Empirical Analysis of

Sustained Advantage in the U. S. Pharmaceutical Industry: Impact of Firm Resources and Capabilities. *Strategic Management Journal*, 20 (7), 637—653.

[122] Zaheer, A. , McEvily, B. & Perrone, V. (1998) . Does Trust Matter? Exploring the Effects of Interorganizational and Interpersonal Trust on Performance. *Organization Science*, 9 (2), 141—159.

[123] [美] E. S. 萨瓦斯:《民营化与公私部门的伙伴关系》,北京:中国人民大学出版社 2002 年版。

[124] [美] 白苏珊:《乡村中国的权力与财富:制度变迁的政治经济学》,杭州:浙江人民出版社 2009 年版。

[125] [美] 彼得·布劳:《社会生活中的交换与权力》,北京:华夏出版社 1988 年版。

[126] [瑞典] 博·罗斯坦:《政府质量:执政能力与腐败、社会信任和不平等》,北京:新华出版社 2012 年版。

[127] [美] 戴维·奥斯本,[美] 特德·盖布勒:《改革政府:企业家精神如何改革着公共部门》,上海:上海译文出版社 2006 年版。

[128] [美] 戴维·H. 罗森布鲁姆,[美] 罗伯特·S. 克拉夫丘克:《公共行政学:管理、政治和法律的途径》,北京:中国人民大学出版社 2002 年版。

[129] [美] 科斯等:《财产权利与制度变迁:产权学派与新制度学派译文集》,上海:上海三联书店 1991 年版。

[130] [美] 罗伯特·A. 巴隆,[美] 尼拉·R. 布兰斯科姆,[美] 唐·R. 伯恩:《社会心理学》,北京:机械工业出版社 2011 年版。

[131] [美] 马克·E. 沃伦:《民主与信任》,北京:华夏出版社 2004 年版。

[132] [美] 文森特·奥斯特罗姆:《美国公共行政思想危机》,上海:上海三联书店 1999 年版。

[132]［美］约翰·克莱顿·托马斯：《公共决策中的公民参与》，北京：中国人民大学出版社 2010 年版。

[133]［美］约翰·罗尔斯：《正义论》，北京：中国社会科学出版社 1988 年版。

[134] 包兴荣，牛存勇：《和谐社会构建与地方政府信用治理》，《新疆社科论坛》，2006 年第 1 期，第 12—17 页。

[135] 薄贵利：《推进政府治理现代化》，《中国行政管理》，2014 年第 5 期，第 52—57 页。

[136] 北京大学公众参与与研究与支持中心：《中国行政透明度观察报告（2010—2011）》，北京：法律出版社 2012 年版。

[137] 曹正汉，史晋川：《中国地方政府应对市场化改革的策略：抓住经济发展的主动权——理论假说与案例研究》，《社会学研究》，2009 年第 4 期，第 1— 27、243 页。

[138] 曾科岩，龙君伟，杨玉浩：《组织信任、知识分享与组织绩效关系的实证研究》，《科研管理》，2008 年第 5 期，第 93—101，110 页。

[139] 陈昌盛，蔡跃洲：《中国政府公共服务：体制变迁与地区综合评估》，北京：中国社会科学出版社 2007 年版。

[140] 陈国权，李院林：《论县政的内涵及其改革的实质与目标》，《社会科学战线》，2010 年第 8 期，第 175—180 页。

[141] 陈抗，Hillman，顾清扬：《财政集权与地方政府行为变化：从援助之手到攫取之手》，《经济学（季刊）》，2002 年第 4 期，第 111—130 页。

[142] 陈丽君，张存如：《政府诚信：政府公信力的源泉和基础——西方政府诚信研究及其启示》，《中共宁波市委党校学报》，2008 年第 3 期，第 26—33 页。

[143] 陈丽君：《诚信的本质、评价和影响机制：研究视角下的中西方诚信》，北京：经济科学出版社 2010 年版。

[144] 陈丽君：《组织诚信：超越个体品德的组织伦理和行

为》,《现代哲学》,2005 年第 4 期,第 105—112 页。

[145] 陈胜军,李红兰,李东林:《我国公务员周边绩效的影响因素及其提升对策研究》,《中国行政管理》,2012 年第 1 期,第 75—78 页。

[145] 陈伟:《"标准—普尔"政府信用等级评价体系简析》,《国际金融研究》,2003 年第 1 期,第 45—52 页。

[146] 陈振明:《评西方的"新公共管理"范式》,《中国社会科学》,2000 年第 3 期,第 73—82 页。

[147] 董建新,余钧:《中国行政成本的演变特征及其驱动因素分析》,《中国行政管理》,2012 年第 6 期,第 112—117 页。

[148] 鄂璠:《2011—2012 中国信用小康指数:社会信用趋于好转,透明度对政府信用影响最大》,《小康》,2012 年第 9 期,第 56—60 页。

[149] 范柏乃,班鹏:《政府浪费与治理对策研究》,《浙江大学学报(人文社会科学版)》,2008 年第 6 期,第 49—56 页。

[150] 范柏乃,金明路,程宏伟:《我国地方政府信用水平的实证调查》,《行政与法》,2005 年第 1 期,第 24—26 页。

[151] 范柏乃,蓝志勇:《公共管理研究与定量分析方法》,北京:科学出版社 2008 年版。

[152] 范柏乃,张鸣:《地方政府信用影响因素及影响机理研究——基于 116 县级行政区域的调查》,《公共管理学报》,2012 年第 2 期,第 1—10、122 页。

[153] 范柏乃,张鸣:《政府信用的影响因素与管理机制研究》,《浙江大学学报(人文社会科学版)》,2009 年第 2 期,第 43—52 页。

[154] 范柏乃,张鸣:《政府信用与绩效》,北京:知识产权出版社 2012 年版。

[155] 范柏乃,朱华:《地方政府绩效评价体系构建和实际测度》,《政治学研究》,2005 年第 1 期,第 84—95 页。

［156］范晓屏，吴中伦：《诚信、信任、信用的概念及关系辨析》，《技术经济与管理研究》，2005 年第 1 期，第 98—99 页。

［157］方雷等：《地方政府行政能力研究》，济南：山东大学出版社 2010 年版。

［158］冯兴元：《地方政府竞争：理论范式、分析框架与实证研究》，南京：译林出版社 2010 年版。

［159］冯兴元：《论辖区政府间的制度竞争》，《国家行政学院学报》，2001 年第 6 期，第 27—32 页。

［160］付文林，沈坤荣：《中国公共支出的规模与结构及其增长效应》，《经济科学》，2006 年第 1 期，第 20—29 页。

［161］高小平：《行政管理改革理论新探索》，北京：社会科学文献出版社 2012 年版。

［162］郭夏娟：《公共管理伦理：理论与实践》，杭州：浙江大学出版社 2010 年版。

［163］国家行政学院政府绩效评估中心：《欧洲通用评估框架及其在中国的试点应用》，北京：国家行政学院出版社 2008 年版。

［164］韩福国：《地方政府创新与区域经济增长的关联性——基于中国区域间地方政府创新差异的跨案例分析》，《浙江大学学报（人文社会科学版）》，2012 年第 2 期，第 161—177 页。

［165］何凤秋：《政府绩效评估新论》，北京：中国社会出版社 2008 年版。

［166］何力平：《政府绩效分析的不同视角》，《美中公共管理》，2005 年第 2 期，第 36—41 页。

［167］何显明：《转型期地方政府信用资源流失的制度分析》，《学习与探索》，2003 年第 2 期，第 30—35 页。

［168］何显明：《信用政府的逻辑：转型期地方政府信用缺失现象的制度分析》，上海：学林出版社 2007 年版。

［169］何增科：《中国政府创新的趋势分析——基于五届"中国地方政府创新奖"获奖项目的量化研究》，《北京行政学院学

报》，2011 年第 1 期，第 1—8 页。

　　[170] 何增科：《政府治理现代化与政府治理改革》，《行政科学论坛》，2014 年第 2 期，第 1—13 页。

　　[171] 赫荣平：《论政府信用的构建》，《辽宁行政学院学报》，2008 年第 10 期，第 19—22 页。

　　[172] 胡荣，胡康，温莹莹：《社会资本、政府绩效与城市居民对政府的信任》，《社会学研究》，2011 年第 1 期，第 96—117，244 页。

　　[173] 胡税根：《公共部门绩效管理：迎接效能革命的挑战》，杭州：浙江大学出版社 2005 年版。

　　[174] 黄纯纯，周业安：《地方政府竞争理论的起源、发展及其局限》，《中国人民大学学报》，2011 年第 3 期，第 97—103 页。

　　[175] 姜仁良：《政府信用建设的基本架构与设想》，《辽宁行政学院学报》，2007 年第 1 期，第 7—8 页。

　　[176] 李爱华，陈蕾：《地方政府诚信评价指标体系的构建》，《辽宁行政学院学报》，2012 年第 6 期，第 5—6 页。

　　[177] 李和中，刘骏：《东中西部地方政府"善治"水平公众认知的差异性分析——基于公众认知的主成分因子分原稿析》，《湖北社会科学》，2010 年第 7 期，第 22—25 页。

　　[178] 李琳：《信任、交易成本与企业绩效——来自中国上市公司的经验证据》，上海：上海财经大学出版社 2010 年版。

　　[179] 李宁，严进，金明轩：《组织信任对任务绩效的影响效应》，《心理学报》，2006 年第 5 期，第 770—777 页。

　　[180] 李瑞昌：《诚信政府建设：以争夺传播主导权为视角》，《政治学研究》，2012 年第 4 期，第 71—77 页。

　　[181] 李文军，唐兴霖：《地方政府公共服务均等化时空分布与演进逻辑：1995—2010》，《江西财经大学学报》，2012 年第 5 期，第 14—23 页。

　　[182] 李杨，王良健，欧朝敏：《评价地方政府信用的方法研

究》,《生产力研究》,2007 年第 7 期,第 77—78 页。

［183］李长江:《市场经济条件下政府信用研究的重要性及政府信用模型构建》,《东南大学学报（哲学社会科学版）》,2003 年第 4 期,第 55—58 页。

［184］刘伟:《基于结构方程的政府信用对政府绩效的激励研究》,杭州:浙江大学 2008 年版。

［185］楼国强:《竞争何时能有效约束政府》,《经济研究》,2010 年第 12 期,第 23—34、47 页。

［186］陆立军,王祖强:《浙江模式——政治经济学视角的观察与思考》,北京:人民出版社 2007 年版。

［187］罗卫东,程奇奇:《社会仿真研究:中国社会科学跨越式发展的可能路径》,《浙江社会科学》,2009 年第 2 期,第 2—7、125 页。

［188］罗忠桓:《论信用政府与政府信用》,《湖南社会科学》,2002 年第 6 期,第 58—60 页。

［189］吕维霞,王永贵:《基于公众感知的政府公信力影响因素分析》,《华中师范大学学报（人文社会科学版）》,2010 年第 4 期,第 33—39 页。

［190］马得勇:《政治信任及其起源——对亚洲 8 个国家和地区的比较研究》,《经济社会体制比较》,2007 年第 5 期,第 79—86 页。

［191］马庆国,楼阳生:《区域软实力的理论与实施》,北京:中国社会科学出版社 2007 年版。

［192］倪星:《地方政府绩效评估指标的设计与筛选》,《武汉大学学报（哲学社会科学版）》,2007 年第 2 期,第 157—164 页。

［193］潘金生,安贺新,李志强:《中国信用制度建设》,北京:经济科学出版社 2003 年版。

［194］彭台光,高月慈,林钲棽:《管理研究中的共同方法变异:问题本质、影响、测试和补救》,《管理学报》,2006 年第 1

期，第 77—98 页。

［195］桑助来：《中国政府绩效评估报告》，北京：中共中央党校出版社 2009 年版。

［196］尚虎平，李逸舒：《一种概念界定的工具：原子图谱法——以"绩效"、"政府绩效"、"政府绩效评估"概念为例》，《甘肃行政学院学报》，2011 年第 4 期，第 15—29、126 页。

［197］尚虎平：《江苏四市政府绩效评估指标挖掘结果》，《甘肃行政学院学报》，2013 年第 1 期，第 4—19 页。

［198］慎海雄：《领导干部不可随意开空头支票》，《瞭望》，2011 年第 34 期，第 2 页。

［199］孙昕，徐志刚，陶然，苏福兵：《政治信任、社会资本和村民选举参与——基于全国代表性样本调查的实证分析》，《社会学研究》，2007 年第 4 期，第 165—187、245 页。

［200］孙亚忠：《政府规制、寻租与政府信用的缺失》，《理论探讨》，2007 年第 1 期，第 23—26 页。

［201］唐任伍，唐天伟：《2002 年中国省级地方政府效率测度》，《中国行政管理》，2004 年第 6 期，第 64—68 页。

［202］唐睿，刘红芹：《从 GDP 锦标赛到二元竞争：中国地方政府行为变迁的逻辑——基于 1998—2006 年中国省级面板数据的实证研究》，《公共管理学报》，2012 年第 1 期，第 9—16、121—122 页。

［203］唐铁汉：《提高政府公信力，建设信用政府》，《中国行政管理》，2005 年第 5 期，第 8—10 页。

［204］汪伟全：《中国地方政府竞争：从产品、要素转向制度环境》，《南京社会科学》，2004 年第 7 期，第 56—61 页。

［205］王春元：《我国政府财政支出结构与经济增长关系实证分析》，《财经研究》，2009 年第 6 期，第 120—130 页。

［206］王和平：《论政府信用建设》，《政治学研究》，2003 年第 1 期，第 73—77 页。

［207］王小利：《我国政府公共支出对 GDP 长期增长效应的动态分析——基于 VAR 模型的实证研究》，《统计研究》，2005 年第 5 期，第 26—31 页。

［208］王新红：《转型时期宏观调控中的政府信用及其法治保障研究》，北京：人民出版社 2011 年版。

［209］王玉明：《政府绩效与政府成本的相关性分析》，《湖北社会科学》，2008 年第 2 期，第 46—49 页。

［210］王玉萍，曹秋丽：《行政文化之于公务员激励中的作用》，《中共山西省直机关党校学报》，2008 年第 3 期，第 36—37 页。

［211］韦慧民，龙立荣：《主管认知信任和情感信任对员工行为及绩效的影响》，《心理学报》，2009 年第 1 期，第 86—94 页。

［212］吴建南，李贵宁，侯一麟：《财政管理、角色冲突与组织绩效——面向中国乡镇政府的探索性研究》，《管理世界》，2005 年第 12 期，第 57—64 页。

［213］吴建南，张萌，黄加伟：《公众参与、绩效评价与公众信任——基于某市政府官员的实证分析》，《武汉大学学报（哲学社会科学版）》，2007 年第 2 期，第 171— 176 页。

［214］吴金群，耿依娜：《政府的性质：新制度经济学的视角》，《浙江大学学报（人文社会科学版）》，2008 年第 2 期，第 43—52 页。

［215］吴晶妹：《现代信用学》，北京：中国人民大学出版社 2009 年版。

［216］吴明隆：《结构方程模型：AMOS 的操作与应用》，重庆：重庆大学出版社 2010 年版。

［217］夏琼：《从法治视角看政府信用建设》，《浙江经济》，2007 年第 3 期，第 50—51 页。

［218］肖海莲，胡挺：《大股东侵占、公司声誉与公司绩效——基于中国上市公司的经验证据》，《财贸研究》，2007 年第 6

期，第 108—114 页。

［219］熊剑锋：《中国财政供养规模调查》，《凤凰周刊》，2013 年第 10 期，第 20—27 页。

［220］徐彬：《地方政府信任弱化、改革阻力与改革成本扩大化》，《社会科学》，2011 年第 3 期，第 29—34 页。

［221］薛冰，杨宇立：《中国省级地方政府行政管理支出实证研究》，《上海经济研究》，2012 年第 12 期，第 126—133 页。

［222］严成樑，龚六堂：《财政支出、税收与长期经济增长》，《经济研究》，2009 年第 6 期，第 4—15、51 页。

［223］杨继：《经济增长中的公共支出：中国 1978—2010》，上海：上海远东出版社 2011 年版。

［224］杨璐，李家军：《基于 ISM 模型的地方政府信用风险因素分析》，《统计与决策》，2008 年第 22 期，第 43—45 页。

［225］杨缅昆：《政府绩效评价：理论和方法再研究》，《统计研究》，2010 年第 12 期，第 39—45 页。

［226］杨宇立，钟志文：《国内国际行政支出实证比较》，上海：学林出版社 2010 年版。

［227］姚明龙：《信用成长环境研究》，杭州：浙江大学出版社 2005 年版。

［228］余德成：《质量管理人性面系统因素对工作绩效之影响》，高雄："国立"中山大学 1996 年版。

［229］郁建兴，高翔：《地方发展型政府的行为逻辑及制度基础》，《中国社会科学》，2012 年第 5 期，第 95—112、206—207 页。

［230］张成福，边晓慧：《重建政府信任》，《中国行政管理》，2013 年第 9 期，第 7—14 页。

［231］张钢，段澈：《我国地方财政支出结构与地方经济增长关系的实证研究》，《浙江大学学报（人文社会科学版）》，2006 年第 2 期，第 88—94 页。

［232］张光，Jennifer R. Wilking，于淼：《中国农民的公平观念：基于村委会选举调查的实证研究》，《社会学研究》，2010 年第 1 期，第 64—84、244 页。

［233］张国庆：《公共行政学》，北京：北京大学出版社 2007 年版。

［234］张军，高远，傅勇，张弘：《中国为什么拥有了良好的基础设施？》，《经济研究》，2007 年第 3 期，第 4—19 页。

［235］张军，周黎安：《为增长而竞争：中国增长的政治经济学》，上海：格致出版社、上海人民出版社 2008 年版。

［236］张开云，张兴杰，李倩：《地方政府公共服务供给能力：影响因素与实现路径》，《中国行政管理》，2010 年第 1 期，第 92—95 页。

［237］张鸣：《政府信用与政府绩效关联机理研究》，《公共行政评论》，2013 年第 5 期，第 163—168 页。

［238］张曙光：《中国为什么离不开"铁公基"》，《中国经营报》，2012—6—11（A02）页。

［239］张维迎：《产权、政府与信誉》，北京：三联书店 2001 年版。

［240］张旭霞：《现代政府信用及其建构的对策性选择》，《南京社会科学》，2002 年第 11 期，第 60—65 页。

［241］章延杰：《政府信用论》，上海：上海人民出版社 2007 年版。

［242］赵爱英，李晓宏：《政府行政成本与绩效研究》，北京：中国社会科学出版社 2009 年版。

［243］郑婷，赵淑丽：《论政府信用的建立》，《广西社会科学》，2004 年第 5 期，第 18—20 页。

［244］郑秀杰，杨淑娥：《中国上市公司声誉对公司财务绩效的影响研究》，《管理评论》，2009 年第 7 期，第 96—104 页。

［245］郑也夫：《信任论》，北京：中国广播电视出版社 2001

年版。

［246］周飞舟：《锦标赛体制》，《社会学研究》，2009年第3期，第54—77、244页。

［247］周伟贤：《转轨时期的地方政府信用问题分析——基于"政治人"的视角》，北京：经济管理出版社2010年版。

［248］周业安：《地方竞争演变及当前态势》，《人民论坛》，2010年第15期，第16—17页。

［249］周业安：《地方政府竞争与经济增长》，《中国人民大学学报》，2003年第1期，第97—103页。

［250］周玉蓉：《和谐社会背景下的政府信用建设》，《四川行政学院学报》，2007年第1期，第30—33页。

［251］周子敬：《结构方程模式——精通LISREL》，台北：全华科技图书股份有限公司2006年版。

［252］卓越：《公共部门绩效评估》，北京：中国人民大学出版社2004年版。

附录:调查问卷

尊敬的女士/先生:

　　您好! 感谢您拨冗参与本问卷调查!

　　浙江大学中国组织发展与绩效评估研究中心正在开展政府信用与政府绩效方面的相关研究, 旨在了解我国政府信用、政府绩效及政府信任的基本状况。本问卷采用匿名调查的方式, 所获得的数据仅供研究之用, 内容不会涉及您的个人隐私与单位信息, 请您充分发表自己的看法并客观填写相关信息, 我们将尊重您的观点。再次感谢您在百忙之中协助我们完成调查!

浙江大学中国组织发展与绩效评估研究中心

2012 年 9 月

【背景资料】

1. 您的性别: A. 男　　B. 女

2. 您的所在地: (直辖或地级) 市、州县 (县级市、市辖区)

　　请您把所在地填写完整 (例如, 上海市黄浦区、嘉兴市海盐县、宁波市慈溪市、杭州市拱墅区、黔南州惠水县), 这对研究分析十分重要, 谢谢!

3. 您的学历: A. 高中及以下　　B. 专科/中专

　　　　　　　C. 大学本科　　　D. 研究生及以上

4. 您的政治面貌：A. 中共党员　　B. 共青团员

　　　　　　　　　C. 民主党派　　D. 群众

5. 您的工作单位：A. 政府机关　　B. 企业单位

　　　　　　　　　C. 事业单位　　D. 社会团体

【填写说明】问卷中所涉及的政府指的是您所在地的县级政府。请您根据自己的实际体会对下列表述作出 1—7 级的判断，并请在合适的数字上打"√"。1—7 表示程度，1 表示完全不符合（完全不同意），7 表示完全符合（完全同意）。

【政府信用】

评价指标	1（完全不符合）→7（完全符合）						
1. 政府具有较强的经济管理能力	1	2	3	4	5	6	7
2. 政府具有较强的政治管理能力	1	2	3	4	5	6	7
3. 政府具有较强的社会管理能力	1	2	3	4	5	6	7
4. 政府会及时公开与公众切身利益相关的信息	1	2	3	4	5	6	7
5. 政府政策很关注公众的需求	1	2	3	4	5	6	7
6. 政府行政行为实施过程中很重视公众的意见	1	2	3	4	5	6	7
7. 政府投入大量资源方便公众办事	1	2	3	4	5	6	7
8. 办事机关及工作人员愿意帮助公民解决其问题	1	2	3	4	5	6	7
9. 政府切实做到依法行政	1	2	3	4	5	6	7
10. 政府在行政执法过程中能做到公平公正	1	2	3	4	5	6	7
11. 公务员具有良好的诚信水平	1	2	3	4	5	6	7
12. 政府官员较为廉洁自律	1	2	3	4	5	6	7
13. 政府政策贯彻落实具有较强的一致性	1	2	3	4	5	6	7
14. 政府政策具有较强的稳定性和连续性	1	2	3	4	5	6	7

【政府绩效】

评价指标	1（完全不符合）→7（完全符合）						
1. 政府成功地增加了居民的收入	1	2	3	4	5	6	7

评价指标	1(完全不符合)→7(完全符合)						
2. 政府成功地保障了基础教育质量	1	2	3	4	5	6	7
3. 政府成功地为病人提供了医疗护理	1	2	3	4	5	6	7
4. 政府成功地实施了各项社会保险	1	2	3	4	5	6	7
5. 政府成功地控制了失业	1	2	3	4	5	6	7
6. 政府成功地控制了犯罪	1	2	3	4	5	6	7
7. 政府成功地保护了生态环境	1	2	3	4	5	6	7
8. 公务员了解并遵守各项规章制度和业务规程	1	2	3	4	5	6	7
9. 公务员在行政过程中顾及行政伦理	1	2	3	4	5	6	7
10. 公务员在行政过程中态度良好	1	2	3	4	5	6	7
11. 公务员在日常生活中没有做到自觉遵守社会公德	1	2	3	4	5	6	7

【政府信任】

评价指标	1(完全不同意)→7(完全同意)						
1. 您对管理当地政府的人抱有充分的信心	1	2	3	4	5	6	7
2. 您无法信任政府大部分时间做正确的事	1	2	3	4	5	6	7